Macht, Leidenschaft und Alltag

Maria Anna Söllner

Macht, Leidenschaft und Alltag

Texte und Themen für das Grammatiktraining

Ernst Klett Sprachen
Stuttgart

1. Auflage 1 5 4 3 2 1 | 2014 13 12 11 10
Alle Drucke dieser Auflage sind unverändert und können im Unterricht nebeneinander verwendet werden.
Die letzte Zahl bezeichnet das Jahr des Druckes.
Internetadresse: www.klett.de / www.lektueren.com

Autorin: Maria Anna Söllner

Redaktion: Dr. Bettina Kratz-Ritter, Göttingen
Layoutkonzeption: Elmar Feuerbach
Gestaltung und Satz: Sebastian Hutt, Stuttgart
Umschlaggestaltung: Elmar Feuerbach
Umschlagbilder von links oben nach rechts unten: shutterstock (kavram), New York, NY; shutterstock (Norbert Rehm), New York, NY; Bildarchiv Preußischer Kulturbesitz bpk./Ursula Hoffmann, Berlin; shutterstock (Sergey Kelin), New York, NY; shutterstock (Andrejs Pidjass), New York, NY; shutterstock (Clara), New York, NY;
Druck und Bindung: Medienhaus Plump GmbH, Rolandsecker Weg 33, 53619 Rheinbreitbach
Printed in Germany

ISBN 978-3-12-667011-1

9 783126 670111

Liebe Lateinlehrerinnen und Lateinlehrer,

gerade zu Beginn der Lektürephase, bei der Bearbeitung von Übergangslektüren und authentischen Texten, können sich Lücken aus der Spracherwerbsphase ungünstig auf die Motivation auswirken.
Die vorliegende Sammlung von Kopiervorlagen hilft, solche Lücken in einem angemessenen thematischen Kontext zu schließen, die Kenntnisse zu festigen und dabei den Spaß an der Arbeit mit lateinischen Texten zu fördern.

Jede der 24 Kopiereinheiten mit insgesamt 60 Kopiervorlagen fokussiert ein spezifisches grammatisches Phänomen, das im Zusammenhang mit einem Originaltext anhand einer Vielzahl von abwechslungsreichen Übungen behandelt wird.

Eine Kopiereinheit umfasst 2 bis 3 Kopiervorlagen, die ihren Ausgangspunkt in einer kurzen Information zu Autor, Werk und historischem Hintergrund nehmen. Sodann folgt ein lateinischer Lesetext, anhand dessen die fokussierten grammatischen Phänomene kontextuell erschlossen und anschließend in Übungen vertieft werden. Um unnötige Schwierigkeiten beim Textverständnis zu vermeiden, wurden sie großzügig mit Annotationen versehen. Darüber hinaus wurden einige Originaltexte behutsam adaptiert, sodass neben der Übersetzung genügend Zeit für die Bearbeitung der Aufgaben bleibt.
Im Übungsteil finden Sie jeweils vielfältige Übungsvarianten, die in der Hauptsache auf die Bewältigung der im Lesetext relevanten grammatikalischen Problemstellen abzielen. Die abschließenden Aufgaben der Einheiten können jedoch auch inhaltliche Fragen zum Text, Stil oder Autor enthalten.

Dabei folgen die Kopiereinheiten keiner sprachlichen Progression und müssen nicht in einer bestimmten Reihenfolge bearbeitet werden. Das Inhaltsverzeichnis bietet Ihnen verschiedene Möglichkeiten, die ideale Übungsauswahl für die Bedürfnisse Ihrer Lerngruppe zu treffen.
Sie finden dort Texte und Übungen:

- zu bestimmten grammatischen Fragestellungen,
- von bestimmten Autoren,
- zu bestimmten Themen.

Neben diesem kontextuellen Zugang wird ein themenübergreifendes Methodentraining angeboten, das sich bei Bedarf jederzeit dazwischenschalten lässt.
Im Lösungsteil finden Sie - neben den Lösungen der Aufgaben - die Übersetzung zu allen Texten.
So können die Arbeitsblätter auch in selbstständiger Bearbeitung vollständig erschlossen werden.

Viel Erfolg und Spaß mit den Kopiervorlagen!

Maria Anna Söllner

Inhaltsverzeichnis

Cornelius Nepos: De viris illustribus

Die Biografien des Cornelius Nepos (ca. 100–24 v. Chr.) behandeln „Berühmte Männer": *De viris illustribus*. Bedeutenden Römern wie Königen der Frühzeit, Feldherren, Dichtern, Rednern sind berühmte Nichtrömer (z.B. Alkibiades, Hannibal) gegenübergestellt.
Im Buch *De excellentibus ducibus*, „Von herausragenden Feldherrn", das zum Werk *De viris illustribus* zählt, wird das Leben Hannibals geschildert.
Hannibal war ein bedeutender Feldherr aus Karthago in Nordafrika (247–183 v. Chr.), der im 2. Punischen Krieg gegen Rom mit Heer und Elefanten über die Alpen zog.

Grammatik: Funktionen des Ablativs, AcI

Hannibal

Si verum est, quod nemo dubitat, ut populus Romanus omnes gentes virtute superarit, non est infitiandum Hannibalem tanto praestitisse ceteros imperatores prudentia, quanto populus Romanus antecedat fortitudine cunctas nationes.
Nam quotienscumque cum eo congressus est in Italia, semper discessit superior. Quod nisi domi civium suorum invidia debilitatus esset, Romanos superare potuisset. Sed multorum obtrectatio devicit unius virtutem.
Hic autem odium paternum erga Romanos sic conservavit, ut prius animam quam id deposuerit. Hannibal quidem, cum patria pulsus esset, numquam destitit animo bellare cum Romanis. Hamilcar enim Hannibalem puerum ad aram adduxerat eamque tenentem iurare iusserat numquam eum in amicitia cum Romanis fore.

(nach C. Nepos, De viris illustribus, Hannibal 1–2)

2 **infitiari** – leugnen, in Abrede stellen, 4 **quotienscumque** – jedes Mal wenn, 4 **congredi, -gredior, -gressus sum cum** *+ Abl.* – zusammenkommen; kämpfen mit, 4 **discedere superior** – als Sieger/Überlegener (aus der Schlacht) hervorgehen, 4 **quod nisi** – wenn also nicht, 5 **debilitare** – schwächen, lähmen, 5 **obtrectatio, -onis** f – Neid, Missgunst, 6 **devincere, -vinco, -vici, -victum** – völlig besiegen, überwältigen, 7 **erga** *+ Akk.* – gegenüber, 7 **prius … quam** – eher … als, 9 **Hamilcar, -aris** m – Hamilcar *(Hannibals Vater)*

1. Typisch für die Sprache von C. Nepos ist:
   - der Ausfall von *-ve-* bzw. *-vi-* bei Perfekt und Plusquamperfekt (z. B. *revoca(ve)rat),*
   - alte Formen im Konjunktiv Imperfekt von *esse (forem = essem)* und Infinitiv Futur Aktiv von *esse (fore).*

   Finde im Text Beispiele hierfür. Bestimme die Formen und überlege dir, für welche „klassischen" Formen sie stehen.

ISBN 978-3-12-667011-1

2. Wiederhole einige Funktionen des Ablativs. Ergänze die Aussagen zum Ablativ und übersetze die Beispielsätze.

- Der Ablativus **instrumentalis** (❶ ________) bezeichnet das Mittel oder Werkzeug, wodurch etwas geschieht.
  Ferro ignique pugnant. ❷ ________________________________.
- Der Ablativus **sociativus** oder **comitativus** (❸ ________) antwortet auf die Frage:
  ❹ ________ ?
  Hannibal cum patre in Hispaniam profectus est.
  ❺ ________________________________
- Der ❻ ________ (❼ ________) bezeichnet, „in welcher Hinsicht" eine Aussage gilt.
  Romani hostes fortitudine superant.
  ❽ ________________________________.
- Mit dem Ablativus **mensurae** (des Maßes) wird angegeben, ❾ ________ sich etwas/jemand von etwas/jemand anderem unterscheidet.
  Romani multo hostes fortitudine superant.
  ❿ ________________________________.
- Der Ablativus **locativus** (⓫ ________) steht auf die Frage: ⓬ ________ ?.
  Hamilcar Carthagine Iovi hostias (hostia, -ae f – Opfertier) *sacrificavit.*
  ⓭ ________________________________
- Zeitangaben auf die Frage: wann? stehen im ⓮ ________ (⓯ ________).
  Hac aetate in Hispaniam profectus est.
  ⓰ ________________________________

3. Suche alle Ablative aus dem Text heraus. Welche semantische Funktion haben sie? Übersetze sie.

4. *Hannibalem praestitisse ceteros imperatores prudentia* – um welche Konstruktion handelt es sich? Nenne das Verb, von der diese Konstruktion abhängt.

5. *Nam quotienscumque cum eo congressus est in Italia, semper discessit superior.* Wer oder was ist Subjekt des Satzes, wer oder was ist mit *eo* gemeint?

6. Bestimme die Formen *debilitatus esset* und *potuisset*. Welche Funktion haben sie?

7. Erkläre die Konstruktion(en) im letzten Satz: *Hamilcar … eamque tenentem iurare iusserat numquam eum in amicitia cum Romanis fore.* Worauf bezieht sich *eam*? Was musst du ergänzen?

8. Was ist laut Nepos Hannibals Motivation? Wie wird er charakterisiert? Warum hat er letztlich keinen Erfolg?

ISBN 978-3-12-667011-1

Cornelius Nepos: De viris illustribus

Marcus Porcius Cato (der Ältere), 234–149 v. Chr., Feldherr, Geschichtsschreiber, Autor und Politiker, lehnte den „verweichlichenden" Einfluss Griechenlands auf die römische Gesellschaft strikt ab. In der lateinischen Literatur wird er oft als moralisches Vorbild genannt.
Cornelius Nepos (ca. 100–24 v. Chr.) beschreibt Catos Leben in seinem Buch über römische Geschichtsschreiber *(De Latinis historicis)*, das zu seinem Werk *De viris illustribus* zählt.

Grammatik: Participium coniunctum (PC), Relativsätze

Cato

M. Cato consulatum gessit cum L. Valerio Flacco, sorte provinciam nactus Hispaniam citeriorem, exque ea triumphum deportavit. Ibi cum diutius moraretur, P. Scipio Africanus, consul iterum, cuius in priori consulatu quaestor fuerat, voluit eum de provincia depellere et ipse ei succedere, sed hoc per senatum efficere non potuit.
Cato, censor cum eodem Flacco factus, severe praefuit ei potestati. Nam in complures nobiles animadvertit et multas res novas in edictum addidit, ut luxuria reprimeretur, quae iam tum incipiebat pullulare. A multis temptatus non modo nullum detrimentum existimationis fecit, sed, quoad vixit, virtutum laude crevit.
In omnibus rebus singulari fuit industria. Nam et agricola sollers et peritus iuris consultus et magnus imperator et probabilis orator et cupidissimus litterarum fuit. Ab adulescentia confecit orationes. Senex historias scribere instituit, quarum sunt libri septem. In quibus multa industria et diligentia comparet, nulla doctrina.

(nach C. Nepos, De viris illustribus, Cato 2–3)

1 **L. Valerius Flaccus** – *Freund von Cato, mit dem zusammen er Konsul und Zensor war,* 1 **sors, sortis** f – Los, 1 **nancisci, nanciscor, nactus sum** – erlangen, bekommen, 1 **Hispania citerior** – diesseitiges Spanien *(im Norden Spaniens, röm. Provinz seit 197 v. Chr., die zwei Jahre später Cato zur Verwaltung übertragen wurde),* 2 **morari, moror, moratus sum** – sich aufhalten, 2 **P. Scipio Africanus** – *Feldherr und Politiker, 235–183 v. Chr., der die Karthager 208 v. Chr. zum Rückzug aus Spanien nach Nordafrika zwang,* 5 **praeesse ei potestati** – dieses Amt führen, 6 **animadvertere in** + *Akk.* – jmd. strafen, gegen jmd. gerichtlich vorgehen, 6 **edictum, -i** n – Edikt, Bekanntmachung *(des Provinzstatthalters bzgl. der Grundsätze seiner Rechtsprechung),* 6 **luxuria, -ae** f – Genuss-, Verschwendungssucht, 7 **pullulare** – wuchern, 8 **quoad** – solange, 9 **sollers, -ertis** – tüchtig, geschickt, 9 **consultus, -i** m + *Gen.*– Gelehrter, 10 **probabilis, -e** – lobenswert, gut, 11 **historiae, -arum** f – Geschichtswerk, 12 **comparere** – sich zeigen – 12 **doctrina, -ae** f – (wissenschaftliche) Gelehrsamkeit

1. Welche Kasusfunktionen haben die unterstrichenen Substantive? Übersetze die Ausdrücke.

nullum detrimentum existimationis fecit ______________________

virtutum laude crevit ______________________

fuit singulari industria ______________________

ISBN 978-3-12-667011-1

2. Wiederhole die Partizipkonstruktion Participium coniunctum (PC): Ergänze hierzu den Lückentext und übersetze die Beispielsätze.

   a) Ein PC kann in ❶ ________________ Kasus vorkommen, es stimmt in ❷ ________________ , ❸ ________________ und ❹ ________________ mit seinem Bezugswort überein, das eine beliebige Funktion im Satz haben kann. Das PC stellt eine satzwertige Konstruktion dar, d. h. es ist eine Art ❺ ________________ Satz: Statt zwei Sätzen steht ein Satz.

   ❻ *Cato in finibus Sabinorum* (Sabini, -orum m – Sabiner) *versatus est. Tum Romam demigravit.* → *Cato in finibus Sabinorum versatus Romam demigravit.*

   b) Die Partizipien stellen kein absolutes Tempus dar, sondern bezeichnen nur das **Zeitverhältnis** zum Prädikat. Ein als PC verwendetes Partizip Präsens Aktiv (PPA) steht dabei für die ❼ ________________ , ein Partizip Perfekt Passiv (PPP) für die ❽ ________________ . Übersetze das PC zunächst am besten mit einem Adverbialsatz („nachdem", „während").

   ❾ *Cato Romae vivens in foro esse* (*in foro esse* – auf dem Forum politisch/im öffentlichen Leben tätig sein) *coepit.*

   ❿ *Praetor factus provinciam obtinuit Sardiniam.*

   c) Das **logische** oder **gedankliche Verhältnis** zum Prädikat kann nicht nur zeitlich (temporal, „während/als/nachdem") sein, sondern auch ⓫ ________________ (Grund, „weil"), ⓬ ________________ (Gegengrund, „obwohl") oder ⓭ ________________ (Mittel, „indem, dadurch, dass").

   ⓮ *Ei studium seniori arripienti* (arripere – sich machen an) *tamen fere nihil de Graecis Romanisque rebus incognitum fuit.*

3. a) Suche im Text alle PCs heraus, bestimme ihre Form und ihr Bezugswort.
   b) Welches Zeitverhältnis und welches logische Verhältnis zum Hauptsatz liegen vor?
   c) Übersetze die Sätze mit PC auf mindestens zwei Arten.

Das PC kannst du übersetzen:

- mit einem Adverbialsatz ❶,
- mit einem Hauptsatz, ggf. mit Konjunktion oder einem Adverb, das die Sinnrichtung ausdrückt ❷,
- mit einem präpositionalen Ausdruck ❸.

Dido Aeneam amans de fuga eius valde doluit.

❶ **Da** Dido Aeneas liebte, schmerzte sie dessen Flucht sehr.

❷ Dido liebte Aeneas. **(Und) Deshalb** schmerzte sie seine Flucht sehr.

❸ **Aufgrund ihrer Liebe zu** Aeneas schmerzte Dido dessen Flucht sehr.

ISBN 978-3-12-667011-1

Klett

4. a) Formenlauf: Bilde die angegebenen Formen des Relativpronomens.

qui (Nom. Sg. m) → ________________ (f) → ________________ (Gen.) → ________________ (n)
→ ________________ (Pl.) → ________________ (Dat.) → ________________ (m)
→ ________________ (Akk.) → ________________ (Sg.) → ________________ (f)
→ ________________ (Abl.) → ________________ (m) → ________________ (Dat.)

b) Welche Aussagen zum relativen Satzanschluss sind richtig, welche falsch? Kreuze an.

	richtig	*falsch*
❶ Ein relativer Satzanschluss verbindet Haupt- und Gliedsatz.	☐	☐
❷ Ein relativer Satzanschluss liegt vor, wenn ein Relativpronomen zu Beginn eines neuen (Haupt-)Satzes steht.	☐	☐
❸ Das Relativpronomen kann in diesem Fall in jedem Kasus, Numerus und Genus stehen.	☐	☐
❹ Das Relativpronomen kann in diesem Fall nur im Neutrum stehen.	☐	☐
❺ Den relativen Satzanschluss übersetzt man am besten mit einem Demonstrativpronomen.	☐	☐

5. Finde alle Relativpronomen im Text, bestimme ihre Form und nenne das Bezugswort. Wo liegt ein relativer Satzanschluss vor?

6. Wodurch zeichnet sich Cato aus? Belege deine Aussage mit den entsprechenden lateinischen Textstellen und Begriffen.

ISBN 978-3-12-667011-1

Q. Curtius Rufus: Historiae Alexandri Magni Regis Macedonum

Über den Geschichtsschreiber Quintus Curtius Rufus ist wenig bekannt. Man vermutet aufgrund einiger weniger Anhaltspunkte in seinem Werk, dass er im 1. Jh. n. Chr. gelebt hat.
Die *Historiae Alexandri Magni Regis Macedonum* – „Geschichte von Alexander des Großen, des Königs der Makedonier" umfasste ursprünglich zehn Bücher, Buch 1 und 2 sind verloren gegangen. Im Zentrum des Werkes steht die Person Alexanders des Großen.
Curtius Rufus zählt zu den sogenannten dramatisch-rhetorischen bzw. tragischen Geschichtsschreibern, denen die dramatische Ausgestaltung der Erzählung durch rhetorische Stilmittel, Steigerung von indirekter zu direkter Rede, Gliederung der Handlung in Szenenfolgen u. a. wichtiger ist als eine exakte wissenschaftliche Geschichtsdarstellung.

Grammatik: attributives Partizip, verschränkter Relativsatz

Alexander der Große und der gordische Knoten

Phrygia erat, per quam ducebatur exercitus: Pluribus vicis quam urbibus frequens tunc habebat nobilem quondam Midae regiam. Gordium nomen est urbi, quam Sangarius amnis praeterfluit pari intervallo Pontico et Cilicio mari distantem.
Alexander urbe in dicionem suam redacta Iovis templum intrat. Vehiculum, quo Gordium, Midae patrem, vectum esse constabat, aspexit, cultu haud sane a vilioribus vulgatisque usu abhorrens. Notabile erat iugum adstrictum compluribus nodis in semetipsos implicatis et celantibus nexus. Incolis deinde affirmantibus editam esse oraculo sortem Asiae potiturum, qui inexplicabile vinculum solvisset, cupido incessit animo sortis eius explendae. Circa regem erat et Phrygum turba et Macedonum, illa exspectatione suspensa, haec sollicita ex temeraria regis fiducia, quippe series vinculorum ita adstricta erat, ut, unde nexus inciperet quove se conderet, nec ratione nec visu perspici posset. Ille nequaquam diu luctatus cum latentibus nodis: „Nihil", inquit, „interest, quomodo solvantur", gladioque ruptis omnibus loris oraculi sortem vel elusit vel implevit.

(nach Q. Curtius Rufus, Historiae Alexandri Magni Regis Macedonum 3, 1, 11–18)

---

1 **Phrygia, -ae** f – Phrygien *(in Kleinasien, heute: Anatolien in der Türkei)*, 1 **frequens, -ntis** + *Abl.* – besiedelt mit, 2 **regia, -ae** f – (Königs)Palast, 2 **Midas, -ae** m – Midas *(mythischer König)*, 2 **Gordium, -i** n – Gordion *(Hauptstadt der Phrygier, ca. 80 km südwestlich vom heutigen Ankara)*, 2 **Sangarius, -i** m – Sangarius *(heute: Sakarya)*, 3 **intervallum, -i** n – Abstand, Entfernung, 3 **mare Ponticum, -is Pontici** n – Schwarzes Meer, 3 **Cilicius, -a, -um** – kilikisch *(heute: am Mittelmeer)*, 3 **distare** + *Abl.* – entfernt sein (von), 4 **in dicionem redigere** – unter seine Gewalt bringen, 4 **Gordius, -i** m – Gordius *(Vater des Midas)*, 5 **cultus, -us** m – Ausstattung, 5 **haud sane** – ganz und gar nicht, 5 **vilis, -e** – wertlos, billig, 5 **vulgatus, -a, -um usu** – allgemein üblich, 5 **abhorrere** – abweichen, 6 **notabilis, -e** – bemerkenswert, auffällig, 6 **adstringere, -stringo, -strinxi, -strictum** – fest anbinden, 6 **nodus, -i** m – Knoten, 6 **semetipse** = se ipse, 6 **implicare, -plico, -plicavi, -plicatum** – verknüpfen, verwickeln, 6 **nexus, -us** m – Verbindung, 7 **sortem edere** – einen Orakelspruch verkünden, 7 **potiri, potior, potitus sum** *hier: + Gen.* – sich bemächtigen, 7 **inexplicabilis, -e** – unentwirrbar, 8 **Phryges, -um** m – Phrygier, 9 **Macedones, -um** m – Makedonier, 9 **suspensus, -a, -um** – gespannt 9, **sollicitus, -a, -um** – beunruhigt, besorgt, 9 **temerarius, -a, -um** – unbedacht, tollkühn, 9 **quippe** – denn, 10 **adstringere** – *hier:* straff anziehen, 11 **visus, -us** m – Blick, das Sehen, 11 **nequaquam** – keineswegs, 11 **luctari, luctor, luctatus sum (cum)** – sich abmühen (mit), 12 **rumpere** – *hier:* durchschlagen, 12 **lorum, -i** n – Schlinge

ISBN 978-3-12-667011-1

1. Ein Partizip kann nicht nur als PC oder in einem Abl. abs., sondern auch attributiv verwendet werden. In diesem Textausschnitt kommt die attributive Verwendung relativ häufig vor. Wiederhole zunächst: Welche Aussagen zum attributiven Partizip sind zutreffend?

	richtig	*falsch*
a) Ein attributives Partizip ersetzt einen beliebigen Gliedsatz.	☐	☐
b) Ein attributives Partizip ersetzt einen Relativsatz.	☐	☐
c) Es handelt sich um ein attributives Partizip, wenn die einzig sinnvolle Übersetzung die mit einem deutschen Relativsatz ist.	☐	☐
d) Übersetzt wird ein attributives Partizip immer mit einem Temporalsatz.	☐	☐

2. a) Finde alle attributiven Partizipien im Text. Bestimme ihre Formen und Bezugswörter und übersetze.
   b) Welche anderen Partizipialkonstruktionen kannst du entdecken? Bestimme und übersetze sie.

3. Benenne die Konstruktion, die hier vorliegt. Wie kannst du sie übersetzen? Ergänze hierzu den Text und versuche verschiedene Übersetzungen.
   Vehiculum, quo Gordium, Midae patrem, vectum esse constabat, aspexit.

   Ist ein Relativsatz mit einem ❶ ______________________ verknüpft, nennt man dies ❷ ______________________. Im Deutschen musst du diese Konstruktion mit: einem Relativsatz, einem ❸ ______________________, einem ❹ ______________________ oder mit einem präpositionalen Ausdruck umschreiben.

4. a) Analysiere die Konstruktion des folgenden Satzes. Verwende dazu die Einrückmethode. Mache dann einen ersten Übersetzungsversuch.
   Incolis deinde affirmantibus editam esse oraculo sortem Asiae potiturum, qui inexplicabile vinculum solvisset, cupido incessit animo sortis eius explendae.
   b) Was musst du in diesem Satz ergänzen?
   Circa regem erat et Phrygum turba et Macedonum, illa exspectatione suspensa, haec sollicita ex temeraria regis fiducia, quippe series vinculorum ita adstricta erat, ut, unde nexus inciperet quove se conderet, nec ratione nec visu perspici posset.
   c) Warum wählt Curtius Rufus hier wohl eine solch „verschlungene" Konstruktion?

Typisch für die Sprache von Curtius Rufus ist, dass bestimmte Wörter ausgelassen werden. Dieses Stilmittel nennt man **Ellipse**. Besonders häufig werden ausgespart:
- die 3. Person Indikativ Präsens von esse,
- der Infinitiv esse beim Infinitiv Futur Aktiv oder Infinitiv Perfekt Passiv und
- im AcI der Subjektsakkusativ, wenn er durch ein Pronomen ausgedrückt wäre.

5. Wie baut Curtius Rufus – als Vertreter der dramatisch-historischen Geschichtsschreibung – in dieser Episode Spannung auf? Untersuche hierzu,
   a) wie die Tempora verwendet werden und welche Wirkung dies auf den Leser hat,
   b) welche rhetorischen Stilmittel eingesetzt werden und mit welcher Absicht,
   c) wann die direkte Rede, wann die indirekte Rede steht.

6. Wie beurteilt Curtius Rufus die „Lösung" des Knotens? Und welche Meinung habt ihr dazu? Diskutiert in der Klasse.

ISBN 978-3-12-667011-1

Q. Curtius Rufus: Historiae Alexandri Magni Regis Macedonum

Über den Geschichtsschreiber Quintus Curtius Rufus ist wenig bekannt. Man vermutet aufgrund einiger weniger Anhaltspunkte in seinem Werk, dass er im 1. Jh. n. Chr. gelebt hat.
In seinem Werk *Historiae Alexandri Magni Regis Macedonum* beschreibt Curtius Rufus, wie Alexander der Große zu Beginn des Persienfeldzugs nach der Schlacht bei Issos (333 v. Chr.) in einem Brief an Dareios III. den Krieg mit den Persern rechtfertigt.

Grammatik: Gerundiv, Finalsatz, Genitiv

Alexander der Große an Dareios

Rex Alexander Dareo s.

Dareus, cuius nomen sumpsisti, Graecos, qui oram Hellesponti tenent, coloniasque Graecorum Ionias omni clade vastavit, cum magno deinde exercitu mare traiecit ad bellum Macedoniae et Graeciae inferendum. Rursus Xerxes, rex gentis eiusdem, ad oppugnandos nos cum immanium Barbarorum copiis venit; qui, navali proelio victus, Mardonium tamen reliquit in Graecia, ut absens quoque popularetur urbes, agros ureret.

Philippum vero, parentem meum, quis ignorat ab iis interfectum esse, quos ingentis pecuniae spe sollicitaverant vestri? Impia enim bella suscipitis et licemini hostium capita, sicut tu proxime talentis mille, tanti exercitus rex, percussorem in me emere voluisti. Repello igitur bellum, non infero. Et di quoque pro meliore stant causa: Magnam partem Asiae in dicionem redegi meam, te ipsum acie vici.

Haec epistula nuntio perferenda erat.

(nach Q. Curtius Rufus, Historiae Alexandri Magni Regis Macedonum 4, 1, 10–15)

---

1 **Dareus, -i** m – Dareios *(persischer Großkönig, Adressat des Briefes ist Dareios III. (380–330 v. Chr.), in Z. 2 ist Dareios I. (549–486 v. Chr.) gemeint, unter dem 490 v. Chr. der 1. Feldzug der Perser stattfand)*, 1 **s.** = salutem dicit *(Briefanrede)*, 2 **Hellespontus, -i** m – die Dardanellen *(Meerenge, heute: in der Türkei)*, 3 **Ionius, -a, -um** – ionisch *(in Kleinasien)*, 3 **clades, -is** f – *hier:* Kriegsplage, -unglück, 3 **vastare** – *hier:* überziehen, heimsuchen, 3 **traicere** – *hier:* überschreiten, -queren, 3 **Macedonia, -ae** f – Makedonien, 4 **Xerxes, -is** m – Xerxes *(persischer Großkönig, Sohn von Dareios I., unter dem 480 v. Chr. der 2. Feldzug der Perser stattfand)*, 4 **immanis, -e** – riesig, ungeheuer groß, 5 **navalis, -e** – See-, 5 **Mardonius, -i** m – Mardonios *(persischer Heerführer, Schwiegersohn von Dareios I.)*, 8 **liceri capita** + *Gen.* – Kopfgeld aussetzen auf, 8 **proxime** *Adv.* – neulich, 9 **talentum, -i** n – Talent *(antike Währung)*, 9 **percussor, -oris** m – Mörder, 10 **in dicionem redigere** – unter seine Gewalt bringen

1. Welche Funktion haben die Genitive in den folgenden Ausdrücken? Übersetze sie.
   Xerxes, rex gentis eiusdem – cum immanium Barbarorum copiis – ingentis pecuniae spes

2. a) Ergänze den Lückentext zum Gerundiv.
   Das Gerundiv wird mit dem Präsensstamm, dem Morphem ❶ ____________ und den Endungen der ❶ ____________ -Deklination gebildet. In der i-, gemischten und konsonantischen Konjugation wird zusätzlich der Bindevokal ❸ ____________ eingefügt. Das Gerundiv steht in KNG-Kongruenz zu seinem Bezugswort. Das Gerundiv kann wie ein Adjektiv die Satzfunktion eines ❹ ____________ , ❺ ____________ oder ❻ ____________ einnehmen.

ISBN 978-3-12-667011-1

b) Bilde von den genannten Infinitiven das Gerundiv im Nom. Sg.
habere – capere – servare – fugere – scribere – amare – audire
Beispiel: *relinquere* → *relinquendus, -a, -um*

c) Bestimme Form, Bezugswort und Satzfunktion der Gerundive. Übersetze anschließend die Sätze. Welche Regeln gibt es für die Übersetzung?
① *Alexander bellum contemnendum gerit.*
② *Alexander consilium Persarum oppugnandorum cepit.*
③ *Alexander bellum ad Dareum vincendum gessit.*
④ *Epistula Alexandro scribenda est.*
⑤ *Alexander epistulam perferendam nuntio dedit.*

3. Welche nd-Formen kannst du im Text entdecken? Analysiere ihre Form und Satzfunktion. Übersetze.

4. Woran erkennst du einen Finalsatz? Welche Subjunktionen werden verwendet und in welchem Modus steht das Prädikat des Finalsatzes? Trage in die Tabelle ein und übersetze.

a) *Dareus timebat, ne non liberi liberarentur.*
b) *Dareus Alexandro epistulam scripsit, ut mater et coniunx et liberi liberarentur.*

Subjunktionen	Modus des Prädikats
nach Verben des Fürchtens und Hinderns:	

5. Welche Gliedsatzarten werden in diesem Text verwendet? Bestimme sie.

6. a) Mit welchen Argumenten rechtfertigt Alexander der Große den Feldzug gegen die Perser? Nenne auch die lateinischen Textstellen dazu.

b) Moderne Historiker sehen die Situation kritischer, als bei Curtius Rufus dargestellt:
Nach der Machtübernahme hatte Alexander gravierende innenpolitisch Probleme: Er schlug mehrere griechische Revolten nieder, die sich gegen die makedonische Herrschaft richteten.
Des Weiteren ließ er alle hinrichten, die das Gerücht verbreiteten, er habe selbst etwas mit der Ermordung seines Vaters zu tun. Ob er ihn ermorden ließ oder nicht, ist bis heute unklar.

Wie erscheint auf diesem Hintergrund der Feldzug Alexanders gegen die Perser und der Vorwurf des Mordes?

ISBN 978-3-12-667011-1

Einhardus: Vita Karoli Magni

Der fränkische Gelehrte Einhard (770–840 n. Chr.) verfasste – in Anlehnung an die antiken Kaiserbiografien Suetons – die einzige zeitgenössische Biografie Karls des Großen, die *Vita Karoli Magni*. Einhard kannte den Kaiser wirklich gut, denn er hatte ihn in Literatur und Mathematik unterrichtet, leitete später die Hofschule und wurde schließlich zum Aufseher über die Bauten und kunstgewerblichen Werkstätten. Er zählte mit zu den angesehensten Mitgliedern des Hofkreises.

Grammatik: Gerundium, Konsekutivsätze

Karl der Große

Corpore fuit amplo atque robusto, statura eminenti, quae tamen mensuram iustam non excedebat, apice capitis rotundo, oculis grandibus ac vegetis, naso paululum mediocritatem excedenti, canitie pulchra, facie laeta et hilari. Incessu firmo corporisque habitudine virili.

Exercebatur assidue equitando ac venando, quarum artium Franci adeo periti sunt, ut vix ulla in terris natio inveniri possit, quae in his eos aequet. Delectabatur etiam vaporibus aquarum naturaliter calentium et frequenter natabat corpus exercendi causa; cuius adeo peritus fuit, ut nullus eum posset superare. Ob hoc etiam in Aquisgrani regia extremis vitae annis habitavit. Et non solum filios ad balneum, verum amicos, aliquando etiam custodum corporis turbam invitavit, ita ut nonnumquam centum vel eo amplius homines una lavarentur.

In edendo et bibendo temperans, sed in potu temperantior, quippe cum ebrietatem in qualicumque homine, nedum in se ac suis, plurimum abhominabatur. Cibo enim non adeo abstinere poterat, ut saepe quereretur noxia corpori suo esse ieiunia.

(nach Einhardus, Vita Karoli Magni 22–24)

---

1 **statura, -ae** f – Größe, 1 **mensura, -ae** f – Maß, 2 **apex corporis, -icis** m – Schädeldecke, 2 **vegetus, -a, -um** – lebhaft, 2 **paululum** *Adv.* – ein wenig, 2 **mediocritas, -atis** f – Mittelmaß, 2 **canities, -iei** f – graues Haar, 3 **hilaris, -e** – heiter, 3 **incessus, -us** m – Gang, 3 **habitudo, -inis** f – Haltung, 4 **assidue** *Adv.* – ständig, 4 **Franci, -orum** m – Franken, 5 **aequare** – gleichkommen, 5 **vapor, -oris** m – Dampf, 6 **calere** – heiß sein, 7 **Aquisgranum, -i** n – Aachen *(seit der Antike berühmt für seine heißen Mineralquellen)*, 8 **balneum, -i** n – Bad, 9 **una** *Adv.* – zusammen, 10 **potus, -us** m – Trinken, 10 **ebrietas, -atis** f – Rausch, Trunkenheit, 10 **qualiscumque, qualecumque** – jeder beliebige, 11 **nedum** – noch viel mehr, 11 **abhominari** – verabscheuen 12 **noxius, -a, -um** – schädlich, 12 **ieiunium, -i** n – Fasten

1. Im ersten Abschnitt findest du zahlreiche Ablative. Welche Funktion haben sie? Übersetze sie.

2. Welche Kasusfunktion haben die unterstrichenen Wörter? Bestimme und übersetze die Ausdrücke.
peritus <u>earum artium</u> – delectari <u>vaporibus</u> aquarum calentium – <u>extremis</u> vitae <u>annis</u>

ISBN 978-3-12-667011-1

3. Welche Aussagen zum Gerundium sind korrekt? Kreuze an.

	richtig	*falsch*
a) Das Gerundium ist ein Verbaladjektiv.	☐	☐
b) Das Gerundium entspricht einem substantivierten Infinitiv.	☐	☐
c) Es bildet seine Formen in Singular und Plural.	☐	☐
d) Im Akk. Sg. kommt es nur mit Präposition (z. B. *ad*) vor.	☐	☐
e) Es wird mit dem Präsensstamm, *-nd-* und den Endungender o-Deklination gebildet.	☐	☐
f) Der Nom. Sg. sieht aus wie das Gerundiv.	☐	☐
g) Deponentien bilden kein Gerundium.	☐	☐

4. Suche aus dem Text alle Gerundia heraus, bestimme ihre Form und nenne den Infinitiv Präsens. Übersetze die Gerundia.

5. a) Welche Bedeutungen kann die Subjunktion *ut* haben? Unterstreiche.

   obwohl – damit – weil – dass – wie – während – sodass – nachdem

   b) Welche Gliedsatzarten kann *ut* einleiten?

   c) Unterstreiche die *ut*-Sätze im Text. Welche Art von Gliedsatz leitet *ut* jeweils ein und woran erkennst du dies? Welche Bedeutung ist also hier zutreffend?

6. Analysiere den Satzbau des folgenden Satzes. Benutze dazu die Einrückmethode. Welche Gliedsatzarten werden verwendet? Welche Besonderheiten kannst du entdecken?

   Exercebatur assidue equitando ac venando, quarum artium Franci adeo periti sunt, ut vix ulla in terris natio inveniri possit, quae in his eos aequet.

7. Wie beschreibt Einhardus das Aussehen und die Gewohnheiten Karl des Großen? Fasse zusammen. Welcher Eindruck soll von ihm durch diese Schilderung entstehen?

ISBN 978-3-12-667011-1

Wortbildung – Bedeutungen erschließen

Unbekannte Vokabeln kann man natürlich im Wörterbuch nachschlagen. Du kannst aber auch versuchen, dir die Bedeutung über schon bekannte Wörter herzuleiten. Die Bedeutung eines Wortes kann mit Hilfe von Präfixen (Vorsilben, z. B. *re-ducere* - zurück-führen, *ab-ducere* weg-führen) verändert werden. Von einer Wortwurzel werden aber auch mit Hilfe von Suffixen (Nachsilben) verschiedene Wortarten gebildet:

	Suffix	Wortart	Bedeutung
specta-	re	*Verb*	(an-)schauen
	tio	*Substantiv*	das Anschauen, der Anblick
	culum	*Substantiv*	Schauspiel
	tor	*Substantiv*	Zuschauer
	trix	*Substantiv*	Zuschauerin
	bilis	*Adjektiv*	sichtbar, ansehnlich

Am Suffix kannst du also schon erkennen, um welche Wortart es sich handelt.
Typische **Substantivsuffixe**, die an einen Präsens- oder PPP-Stamm gehängt werden, sind:
- **-or** m/**-trix** f → Person, die die Handlung des Verbs ausübt
- **-io** f/**-tura** f/**-us** m → Tätigkeit oder Ergebnis der Verbalhandlung
- **-ium** n → Tätigkeit oder Zustand der Verbalhandlung
- **-men/-mentum/-(c)ulum** n → Vorgang oder Mittel der Verbalhandlung

An den Stamm eines Nomens werden folgende Substantivsuffixe angehängt:
- **-itia/-itas/-itudo** f → Zustand
- **-ia** f/**-ium** n → Tätigkeit oder Ergebnis
- **-atus** m → Amt oder Zustand

1. Zerlege die Substantive in Wortstamm und Suffix. Von welchem Verb(alstamm) sind sie abgeleitet? Erschließe die Bedeutung.

   victrix – munimentum – cognitio – scriptor – motus – taedium

2. Zerlege die Substantive in Wortstamm und Suffix. Von welchen Nomina kannst du sie herleiten? Erschließe die Bedeutung.

   victoria – consulatus – mediocritas – altitudo – militia

Adjektive, die von einem Verbalstamm gebildet werden, kannst du an diesen Suffixen erkennen:
- **-(i)bilis/-ilis** → Möglichkeit der Handlung (dt. Suffix: „-bar")
- **-ns** → fortwährende Eigenschaft (dt. Suffix: „-nd")
- **-idus/-uus** → Zustand oder bleibende Eigenschaft

An einen Nominalstamm können folgende Adjektivsuffixe gehängt werden:
- **-eus/-ius/-alis/-elis/-osus** → Eigenschaft des Nomens
- **-arius/-anus/-enus/-inus** → Zugehörigkeit

3. Von welchen Verben sind diese Adjektive abgeleitet? Erschließe die Bedeutung.

   amabilis – utilis – sapiens – horridus – vacuus

4. Nenne die Nomina, von denen sich die folgenden Adjektive ableiten. Erschließe die Bedeutung.

   navalis – regius – periculosus – fidelis – urbanus

ISBN 978-3-12-667011-1

Aulus Gellius: Noctes Atticae

Aulus Gellius (2. Jh. n. Chr.) verbrachte nach seiner Ausbildung in Rom mehrere Jahre in Athen, wo er mit bedeutenden Philosophen und Schriftstellern zusammenkam. In dieser Zeit begann er auch mit seinem einzigen Werk *Noctes Atticae*, „Attische Nächte", das seinen Namen dem Aufenthaltsort verdankt. Hierin sammelte er Auszüge aus Werken anderer Autoren, u. a. zu Themen der Grammatik, Geschichte, Mythologie und Philosophie.

Grammatik: AcI, NcI, cum-Sätze

Wer war Acca Larentia?

De Acca Larentia

Accae Larentiae nomen in antiquis annalibus celebre est. Quae cum corpus in vulgus dedisset pecuniamque emeruisset ex eo quaestu uberem, post mortem tamen amplissimos honores a populo Romano habuisse dicitur. Cum ea testamento, ut in Antiatis historia scriptum est, Romulum regem aut, ut quidam autem alii tradiderunt, populum Romanum bonis suis heredem fecisset, quotannis a flamine Quirinali sacrificium ei publice fit.

Sed Sabinus Masurius Accam Larentiam Romuli nutricem fuisse dicit. Cum ea mulier ex duodecim filiis unum morte amisisset, in illius locum Romulus Accae sese filium dedisse seque et ceteros eius filios „fratres arvales" appellavisse dicitur. Ex eo tempore collegium mansit fratrum arvalium duodecim, cuius sacerdotii insigne est spicea corona et albae infulae.

(nach Aulus Gellius, Noctes Atticae 7,7)

---

2 **annales, -ium** f – Annalen, Jahrbücher, 2 **celeber, -bris, -bre** – *hier:* häufig genannt, 2 **corpus in vulgus dare** – Prostituierte sein (*wörtl.* den Körper jedermann geben), 3 **emerere** = merere, 3 **quaestus, -us** m – Gewerbe, 3 **uber, -eris** – reichlich, 4 **Antias, -atis** m – Valerius Antias *(röm. Geschichtsschreiber)*, 4 **historia, -ae** f – Geschichtswerk, 5 **heres, -dis** m – Erbe, 5 **quotannis** *Adv.* – alljährlich, jedes Jahr, 6 **flamen, -inis** m – Priester, 6 **flamen Quirinalis** – Priester des Romulus *(Quirinus = vergöttlichter Romulus)*, 7 **Sabinus Masurius** – *röm. Jurist*, 7 **nutrix, -icis** f – Amme, 9 **arvalis frater** – Arvalbruder *(Priester, der für den Ackersegen betet)*, 10 **sacerdotium, -i** m – Priesteramt, -schaft, 10 **cuius sacerdotii** = sacerdotium, cuius, 10 **insigne, -is** n – (Kenn-)Zeichen, 10 **spiceus, -a, -um** – Kornähren-, 10 **corona, -ae** f – Kranz, 10 **infula, -ae** f – Woll-, Kopfbinde

ISBN 978-3-12-667011-1

1. a) Wie heißt die Konstruktion, mit der der zweite Satz beginnt? Wie gibst du sie im Deutschen wieder?
   b) Welche Stilmittel kannst du in diesem Satz erkennen?

2. a) Die Subjunktion **cum** kann den Indikativ oder Konjunktiv nach sich ziehen, viele Bedeutungen haben und verschiedene Gliedsätze einleiten. Trage in der Tabelle die fehlenden Begriffe ein.

cum + ❶ ____________	**Bedeutung**	**Gliedsatzart**
cum historicum	als, nachdem	Temporalsatz
cum ❷ ____________	❸ ____________	Kausalsatz
cum ❹ ____________	obwohl	❺ ____________
cum adversativum	❻ ____________	❼ ____________
cum + ❽ ____________		
cum ❾ ____________	damals, als	❿ ____________
cum iterativum	⓫ ____________	⓬ ____________
cum ⓭ ____________	als plötzlich, da	⓮ ____________
cum ⓯ ____________	⓰ ____________	Modalsatz
cum (primum) + ⓱ ____________	⓲ ____________	⓳ ____________

b) Ersetze den unterstrichenen Teil des Satzes jeweils durch einen **cum**-Satz. Was musst du sonst noch verändern? Übersetze.

❶ *Romulus Accae sese filium dedit, postquam filius perdidit.*
❷ *Acca Larentia corpus in vulgus dans pecuniam uberem emeruit.*
❸ *Acca Larentia a populo Romano summis honoribus affecta est, quamquam meretrix fuerat. (meretrix, -icis f – Prostituierte)*

3. Welche **cum**-Sätze werden im Text verwendet? Wie musst du **cum** jeweils übersetzen?

Tipp
Suche zunächst das Prädikat des **cum**-Satzes! In welchem Modus steht es?

4. a) Welche Aussagen zum **Nominativus cum infinitivo** (NcI) sind richtig? Kreuze an.

	richtig	*falsch*
❶ Der NcI ist eine Infinitivkonstruktion, die von einem passiven Prädikat (z. B. *dicitur, fertur, traditur*) abhängt.	☐	☐
❷ Der NcI ist eine Konstruktion mit einem passiven Infinitiv.	☐	☐
❸ Der NcI entspricht einem AcI, der ins Passiv gesetzt wurde.	☐	☐
❹ Der Infinitiv des NcIs ist immer ein Infinitiv Präsens.	☐	☐
❺ Beim NcI steht der Infinitiv Präsens für die Gleichzeitigkeit, der Infinitiv Perfekt für die Vorzeitigkeit.	☐	☐

ISBN 978-3-12-667011-1

b) Wandle die Sätze mit AcI in einen NcI um. Verwende als Einleitung des Satzes *fertur, dicitur* oder *traditur* und übersetze. Achte dabei auf das Zeitverhältnis.

❶ *Gellius scripsit Accae Larentiae nomen in antiquis annalibus celebre esse.*
❷ *Sabinus Masurius Accam Larentiam Romuli nutricem fuisse dicit.*
❸ *In Antiatis historia scriptum est Accam Larentiam testamento Romulum heredem fecisse.*

Tipps für die Übersetzung

Den NcI kannst du im Deutschen wiedergeben mit

- einem unpersönlichen Subjekt (*dicitur* – man sagt, *traditur/fertur* – es wird überliefert) und einem dass-Satz,
- einem Einschub „wie man sagt/wie überliefert wird“,
- dem Verb „sollen“.

Romulus Romam condidisse traditur. –
Es wird überliefert, dass Romulus Rom gegründet hat.
Romulus hat – wie überliefert wird – Rom gegründet.
Romulus soll Rom gegründet haben.

5 Finde alle NcIs im Text. Unterstreiche den Nominativ und Infinitiv und bestimme das Zeitverhältnis. Übersetze.

6. a) Rufe dir die Geschichte von Romulus und Remus in Erinnerung. Verwende ggf. dazu dein Lateinbuch, ein mythologisches Lexikon oder informiere dich im Internet.

b) Das Wort *lupa* hat zwei Bedeutungen:
1. Wölfin (die auch Tier des Mars ist),
2. Prostituierte.
Was könnte dies im Zusammenhang mit dem Mythos der Acca Larentia bedeuten?

ISBN 978-3-12-667011-1

Gesta Romanorum

Die *Gesta Romanorum*, „Die Taten der Römer", sind nicht etwa ein Geschichtswerk, sondern eine Sammlung von Geschichten (Legenden, Märchen, Witzen). Sie wurden im 13. Jahrhundert von einem unbekannten Autor geschrieben und dienten vor allem der moralischen Belehrung und Unterhaltung der Leser.

Grammatik: nominaler Ablativus absolutus, Irrealis, Konditionalsatz

Die Tochter des Piraten

Ein Königssohn wird von Piraten gefangen genommen und von deren König in den Kerker geworfen. Der Vater soll Lösegeld für den Sohn bezahlen, tut dies aber nicht. Da hat schließlich die junge, hübsche Tochter des Piratenkönigs Mitleid: Sie befreit den leidenden Gefangenen, gemeinsam fliehen sie in sein Heimatland und wollen dort heiraten. Doch der Vater warnt seinen Sohn vor einer Ehe mit seiner Retterin:

„Fili, probo tibi, quod non potes in eam confidere et eam per consequens nullo modo in uxorem ducere. Patrem proprium decepit, quando ipso ignaro te a carcere liberavit. Pro qua liberatione pater eius multa perdidit, quae pro tua redemptione habuisset. Item alia ratio est. Ista licet te liberavit, hoc fuit libidinis causa, ut posset te in virum habere."

Puella audiens istas rationes ait: „Ad primam rationem, quando dicis, quod ego decepi patrem meum proprium, respondeo, quod non est verum. Ille decipitur, qui in aliquo bono diminuitur. Sed pater meus tam locuples est, quod alicuius auxilio non indiget. Si pater meus pro eo redemptionem accepisset, non multum propter hoc ditior esset, tu autem depauperatus esses. Ergo te salvavi, quod redemptionem non dedisti, et patri meo nullam iniuriam feci. Ad aliam rationem, quando dicis, quod ego ex libidine hoc feci, respondeo: Hoc nullo modo potest fieri, quia libido aut est propter pulchritudinem aut propter divitias aut propter fortitudinem. Sed filius tuus nullum istorum habuit, quia pulchritudo eius per carcerem erat annihilata; nec dives fuit, quia non habuit, unde se ipsum redimeret; nec fortis, quia fortitudinem perdidit in carcere. Ergo sola pietas me movebat, quod ipsum liberavi."

Pater hoc audiens non potuit filium arguere ulterius. Filius ergo magna cum solemnitate eam in uxorem duxit et in pace vitam finivit.

(nach Gesta Romanorum 5)

---

1 **per consequens** – als Folge, deshalb, 2 **in uxorem ducere** = uxorem/in matrimonium ducere, 3 **redemptio, -onis** f – Auslösung, Lösegeld, 3 **licet** *hier: + Ind.* – mag auch, wenn auch, 6 **diminui in** *+ Abl.* – gebracht werden um, 7 **locuples, -etis** – reich, 7 **indigere** *+ Abl.* – benötigen, 8 **ditior, -ius** – *Komp. zu* dis (= dives), 14 **pietas, -atis** f – *hier:* Mitleid, 15 **arguere** – *hier:* beschuldigen, anklagen

ISBN 978-3-12-667011-1

1. Manche Wörter erleben im mittelalterlichen Latein **Bedeutungswandel oder Neubildungen**. Mit welchen dir bekannten Wörtern sind die folgenden verwandt?

   salvare – depauperatus – annihilare

2. a) Bei den folgenden Ausdrücken handelt es sich um **Ablativi absoluti**. Welche Besonderheit weisen sie auf? Übersetze.

   patre vivo – Caesare duce – filio auctore – vobis invitis

   b) Suche und übersetze den **nominalen Abl. abs.**, der im ersten Textabschnitt vorkommt.

3. Übersetze zunächst nur die Einwände des Vaters bis Zeile 4.
   a) Wie beurteilst du die Reaktion des Vaters?
   b) Was könnte die Piratentochter antworten? Schreibe den Dialog (auf Deutsch) zu Ende.

4. a) Ergänze den Lückentext zum Irrealis.

   Mit dem Irrealis werden Handlungen als unmöglich bzw. nicht real dargestellt. Für den Irrealis der Gegenwart steht der ❶ ____________________, für den Irrealis der Vergangenheit der ❷ ____________________. Der Irrealis kann auch in ❸ _______________sätzen verwendet werden und eine irreale Bedingung ausdrücken.

   b) Übersetze die Sätze. Welcher Irrealis liegt jeweils vor?

   ❶ *Filia piratae iuveni ait: „Si te servarem, pater irasceretur."*
   ❷ *Si filia piratae iuvenem non servavisset, mortuus esset.*
   ❸ *Si iuvenis patri pareret, filiam piratae in matrimonium non duceret.*

5. Welche Konjunktive im Text stellen einen Irrealis dar?

6. Untersuche den Text auf mittellateinische Charakteristika. Beachte dazu die im Tippkasten genannten Punkte.

Tipp – Mittelalterliches Latein
Das Latein des 13. Jh. unterscheidet sich in einigen Punkten sehr vom klassischen Latein:
- Die Pronomina *hic, iste, ille* und *ipse* werden oft nur noch in abgeschwächter Bedeutung wie ein Personalpronomen verwendet.
- Anstelle eines AcIs oder eines *ut*-Satzes steht fast immer ein *quod*-Satz.
- Manche Wörter haben im Laufe der Zeit eine andere Bedeutung angenommen, z. B. *pietas* – Mitleid.

7. *Rex quidam regnavit* ... So beginnt eigentlich die Geschichte von der Piratentochter und dem Königssohn. Mit welchen Worten endet sie? Überlege, zu welcher Gattung dieser Text am ehesten zählt. Nenne Anhaltspunkte im Text.

ISBN 978-3-12-667011-1

Apuleius: Metamorphoses

Der aus Karthago stammende Schriftsteller Apuleius (2. Jh. n. Chr.) verfasste u. a. den Roman *Metamorphoses*, „Verwandlungen". Darin erlebt ein in einen Esel verwandelter junger Mann zahlreiche Abenteuer, bevor er wieder zum Menschen werden kann. Neben vielen anderen Geschichten wird in diesem Roman auch die vom Liebesgott Amor und Psyche erzählt: Die junge Königstochter ist so schön, dass Venus eifersüchtig wird und ihren Sohn Amor losschickt, um sie zu bestrafen. Er entführt sie jedoch – ohne Wissen seiner Mutter – in ein märchenhaftes Schloss, wo er sie Nacht für Nacht aufsucht, denn auch er findet sie wunderschön. Doch tagsüber verschwindet er, ohne dass sie ihn je sehen darf. Da Psyche sich einsam fühlt, gestattet er den Besuch ihrer Schwestern, die allerdings äußerst neidisch sind …

Grammatik: Ablativus absolutus, Participium coniunctum

Amor und Psyche

Psyche wird von ihren neidischen und bösartigen Schwestern angestachelt, die Identität ihres Ehemanns, den sie noch nie gesehen hat, aufzudecken und ihn, falls es sich um ein böses Ungeheuer handelt, auch zu töten.

Psyche relicta sola, quamvis statuto consilio et obstinato animo, iam tamen incerta titubat multisque distrahitur affectibus. Festinat, differt, audet, trepidat, diffidit, irascitur et, quod est ultimum, in eodem corpore odit bestiam, diligit maritum.

Nox aderat et maritus aderat, qui in altum soporem descenderat. Tunc Psyche, et corporis et animi alioquin infirma, tamen viribus roboratur: Et prolata lucerna et arrepta novacula sexus audacia mutatur.

Sed cum primum lumine tori secreta claruerunt, vidit omnium ferarum mitissimam dulcissimamque bestiam, ipsum illum Cupidinem formonsum deum cubantem. At vero Psyche, tanto aspectu deterrita et impos animi, defecta tremensque desedit in poplites et ferrum quaerit abscondere, sed in suo pectore. Dum saepius divini vultus pulchritudinem intuetur, recreatur animi.

Ante lectuli pedes iacebant arcus et pharetra et sagittae, magni dei tela. Unam de pharetra sagittam depromens se pupugit et in Amoris amorem incidit.

At lucerna illa evomuit stillam ferventis olei super umerum dei dexterum. Sic inustus exiluit deus detectaque fide protinus ex osculis et manibus infelicissimae coniugis tacitus avolavit.

(nach Apuleius, Metamorphoses 5, 21–24)

1 **obstinare** – fest beschließen, 1 **titubare** – schwanken, 2 **distrahere** – hin- und herreißen, 2 **differre, differo, distuli, dilatum** – verzögern, 2 **trepidare** – schwanken, unsicher sein, 3 **ultimus, -a, -um** – *hier:* der/die/das schlimmste, 4 **sopor, -oris** m – Schlaf, 5 **alioquin** *Adv.* – sonst, 5 **roborare** – kräftigen, stärken, 5 **lucerna, -ae** f – Öllampe, 5 **novacula, -ae** f – scharfes Messer, 5 **sexus, -us** m – (biologisches) Geschlecht, 7 **torus, -i** m – Liebeslager, Bett, 7 **clarescere, claresco, clarui** – erhellt/hell werden, 8 **formo(n)sus, -a, -um** – wohlgestaltet, schön, 9 **impos, -otis** + *Gen.* – nicht mächtig, 9 **defectus, -a, -um** – geschwächt, entkräftet, 9 **desidere, -sido, -sedi** – sinken, 9 **poples, -itis** m – Knie(kehle) 10, **intueri** – anschauen, betrachten, 11 **lectulus, -i** m – Bett, 11 **pharetra, -ae** f – Köcher, 11 **sagitta, -ae** f – Pfeil, 121 **depromere** – herausnehmen, 12 **pungere, pungo, pupugi, punctum** – stechen, 13 **stilla, -ae** f – Tropfen, 14 **fervens, -entis** – glühend heiß, 14 **umerus, -i** m – Schulter, 14 **inustus, -a, -um** – verbrannt, 15 **detegere, -tego, -texi, -tectum** – *hier:* verraten, 15 **protinus** *Adv.* – sofort, unverzüglich

ISBN 978-3-12-667011-1

1. Bestimme die Kasusfunktion der unterstrichenen Wörter. Übersetze die Ausdrücke.
   a) *multis distrahitur affectibus*
   b) *viribus roboratur*
   c) *in Amoris amorem incidit*
   d) *sexum audacia mutatur*
   e) *lumine tori secreta claruerunt dulcissimamque*
   f) *videt omnium ferarum mitissimam bestiam*

2. Welche Partizipialkonstruktionen gibt es? Ergänze hierzu die Lückentexte. Übersetze die Beispielsätze.

   a) Bezieht sich ein Partizip auf ein Substantiv oder Pronomen im Ablativ, das keine Satzgliedfunktion hat, nennt man diese Konstruktion ❶ ______________________. Er steht für einen ❷ ______________________satz. In der Übersetzung wird das Partizip zum ❸ ______________________ des Gliedsatzes, das Bezugswort im Ablativ zum ❹ ______________________. Ein Participium coniunctum (PC) kann in ❺ ______________________ Kasus vorkommen, es stimmt in ❻ ______________________, ❼ ______________________ und ❽ ______________________ mit seinem Bezugswort überein, das eine beliebige Funktion im Satz haben kann. Das PC stellt ebenfalls eine ❾ ______________________ Konstruktion dar. Ein als PC oder im Abl. abs. verwendetes Partizip Präsens Aktiv (PPA) steht für die ❿ ______________________, ein PPP für die ⓫ ______________________. Übersetze das PC bzw. den Abl. abs. zunächst am besten mit einem Temporalsatz („nachdem", „während").

   ⓬ *Ferrum manibus delapsum decidit.*
   ⓭ *Ferro manibus delapso Psyche in poplites desedit.*
   ⓮ *Psyche statim crus* (*crus, cruris n* – Unterschenkel) *dexterum resurgentis dei manibus arripuit.*

   b) Das **logische** oder **gedankliche Verhältnis** zum Prädikat kann nicht nur zeitlich (temporal, „während, als, nachdem") sein, sondern auch ❶ ______________________________ (Grund, ❷ ______________________), ❸ ______________________ (Gegengrund, ❹ ______________________) oder ❺ ______________________________ (Mittel, „indem, dadurch, dass").
   ❻ *Ea dexterum crus dei statim arripiens tandem fessa delabitur.*
   ❼ *Psyche a sororibus incitata lucernam protulit.*
   ❽ *Illa Cupidinem formonsum vidente lucerna stillam olei ferventis super deum evomuit.*

3. a) Welche Partizipien (PPA, PPP) werden im Text verwendet? Bestimme Form und Bezugswort. Nenne auch den Infinitiv.
   b) Welche Partizipkonstruktionen sind Abl. abs. und welche PC? Werden Partizipien auch attributiv gebraucht? Bestimme das Zeitverhältnis.
   c) Manche Partizipien haben ihren Partizipcharakter verloren und werden nur noch wie Adjektive verwendet. Suche hierzu Beispiele im Text und übersetze sie.

4. Welche Stilmittel liegen in folgendem Satz vor? Beschreibe die Wirkung der Stilmittel.
   Festinat, differt, audet, trepidat, diffidit, irascitur.

5. Wie mag die Geschichte von Amor und Psyche wohl ausgehen? Schreibe die Fortsetzung

ISBN 978-3-12-667011-1

Phaedrus: Liber Fabularum

Phaedrus (1. Jh. n. Chr.), der als Sklave von Makedonien nach Rom kam, wurde später von Augustus freigelassen. Er führte eine neue Literaturgattung in Rom ein, indem er die Fabeln des griechischen Dichters Äsop bearbeitete bzw. selbst nach seinem Vorbild schrieb.

Grammatik: indirekte Frage, Consecutio temporum

Der Fuchs und der Ziegenbock

Homo in periclum simulac venit callidus,
Reperire effugium quaerit alterius malo.

Cum decidisset vulpes in puteum inscia
Et altiore clauderetur margine,
Devenit hircus sitiens in eundem locum.
Simul rogavit, esset an dulcis liquor
Et copiosus; illa fraudem moliens:
„Descende, amice! Tanta bonitas est aquae,
Voluptas ut satiari non possit mea."
Immisit se barbatus. Tum vulpecula
Evasit puteo, nixa celsis cornibus,
Hircumque clauso liquit haerentem vado.

(Phaedrus, Liber Fabularum 4, 9)

---

1 **periclum** = periculum, 2 **effugium, -i** n – Ausweg, 3 **puteus, -i** m – Brunnen, 4 **margo, -inis** m – Rand, 5 **devenit** = venit, 5 **hircus, -i** m – Ziegenbock, 7 **moliri, molior, molitus sum** – *hier:* planen, versuchen, 10 **immittere, -mitto, -misi, -missum** – sich hineinlassen, 10 **vulpecula, -ae** f – *Deminutiv zu* vulpes, 11 **celsus, -a, -um** – hoch, 12 **haerere** – hängen bleiben, feststecken, 12 **vadum, -i** n – *hier:* Gewässer, Wasser

1. Leite die Bedeutung der folgenden Wörter von dir schon bekannten „Verwandten" ab.

   sitire – copiosus – bonitas – satiare – barbatus

2. Welche Kasusfunktionen liegen bei den unterstrichenen Wörtern vor? Übersetze.

   ❶ *Homo quaerit effugium reperire <u>malo</u> alterius.*
   ❷ *Vulpes <u>altiore margine</u> clauditur.*
   ❸ *Vulpes <u>puteo</u> evasit.*
   ❹ *Hircum haerentem <u>vado</u> liquit.*

ISBN 978-3-12-667011-1

3. a) Ergänze den Text zur indirekten Frage und zur Zeitenfolge.

In indirekten Fragen steht das Prädikat immer im ❶ ________________ und richtet sich nach der Zeitenfolge (Consecutio temporum). Steht im Hauptsatz Präsens, Futur I oder II, folgt in der indirekten Frage bei Gleichzeitigkeit ❷ ________________, bei Vorzeitigkeit ❸ ________________.
Steht im Hauptsatz ein Vergangenheitstempus, so folgt bei Gleichzeitigkeit ❹ ________________, bei Vorzeitigkeit ❺ ________________.
Indirekte ❻ ________________ werden mit **num, -ne, an** – ob eingeleitet, indirekte Doppelfragen mit ❼ ________________ . . . ❽ ________________.

b) Forme die direkten Fragen in indirekte um. Achte auf Modus und Tempus des Prädikats. Übersetze.

❶ *Hircus rogat: „Quid facis, vulpecula?"*
❷ *Hircus rogat: „Estne bona aqua?*
❸ *Vulpes interrogavit: „Cur non descendis, hirce?"*

c) Welche indirekte Frage findest du im Text? Bestimme die Frageart, die Prädikatform und übersetze.

4. Suche alle anderen Gliedsätze heraus, bestimme die Gliedsatzart und das Zeitverhältnis. Achte dabei auf den Modus und das Tempus des Prädikats. Übersetze.

5. Analysiere die ersten beiden Verse metrisch. Benutze ggf. ein Wörterbuch zur Kontrolle der Längen. Welche metrischen Besonderheiten (z. B. Aphärese, Elision) kommen vor?

Der jambische Senar
Das Versmaß bestimmen die Quantitäten (Kürzen und Längen) einer Silbe. Die Grundform des jambischen Senars sieht demnach so aus:

∪ – | ∪ – | ∪ – | ∪ – | ∪ – | ∪ x (∪ = Kürze, – = Länge, x = Kürze oder Länge)

In den ersten fünf Versfüßen können auch folgende Varianten vorkommen:
- zwei Kürzen statt einer Länge: ∪ ∪∪
- eine Länge statt einer Kürze: – –
- zwei Kürzen und eine Länge: ∪∪ –
- eine Länge und zwei Kürzen: – ∪∪

Achtung: Silben mit Doppelvokalen (Diphthongen) sind lang, ebenso solche, in denen auf einen Vokal mehr als ein Konsonant folgt (Ausnahme: p, k, t + r).

6. Untersuche die Fabel auf spezifische Merkmale hin. Welche sind hier zutreffend?

Kennzeichen der Fabel:
- in Prosa oder in Versen (jambischer Senar) geschrieben,
- wie Menschen handelnde Tiere mit bestimmten typisierten Eigenschaften (Fuchs = schlau, Löwe = mutig, Ameise = fleißig),
- enthält eine Moral oder Lebensweisheit, als Pro- oder Epimythion am Anfang bzw. Ende.
- Ziel: Kritik an menschlichen Verhaltensweisen oder an der Gesellschaft in verpackter Form.

ISBN 978-3-12-667011-1

Satzanalyse 1 – Einrückmethode

Je weiter du beim Lateinlernen voranschreitest, desto länger und unübersichtlicher werden die Sätze: Gliedsätze können am Satzanfang, -ende oder mittendrin stehen. Von einem Gliedsatz kann noch ein weiterer abhängen. Um hier die Satzkonstruktion zu durchschauen, ist es sinnvoll, einen solchen Schachtelsatz abzuschreiben und nach der Einrückmethode darzustellen.
Dabei stellt man alles, was zum Hauptsatz gehört, an den Zeilenanfang. Gliedsatz 1 (Gliedsatz 1. Grades) wird eingerückt, Gliedsatz 2, der vom ersten Gliedsatz abhängt – also 2. Grades ist –, wird noch ein Stück weiter eingerückt usw. So sieht man besser, was jeweils zusammengehört.

HS	GS 1	GS 2
Cato, censor factus, *severe praefuit ei potestati,* *nam multas res novas* *in edictum addidit,*	*ut luxuria reprimeretur,* (Finalsatz)	*quae iam tum incipiebat* *pullulare.* (Relativsatz)

(Als Cato zum Zensor gewählt worden war, führte er dieses Amt streng, denn er fügte viele neue Bestimmungen seinem Edikt hinzu, um die Genussucht zurückzudrängen, die damals schon zu wuchern begann.)

Unterstreiche in den folgenden Sätzen die Konjunktionen, Subjunktionen und Signalwörter und verschaffe dir dadurch einen ersten Überblick über die Satzstruktur. Stelle die Sätze dann nach der Einrückmethode dar. Bestimme die Art der Gliedsätze und übersetze.

1. *Si verum est, quod nemo dubitat, ut populus Romanus omnes gentes virtute superarit, non est infitiandum Hannibalem tanto praestitisse ceteros imperatores prudentia, quanto populus Romanus antecedat fortitudine cunctas nationes.*

2. *Circa Alexandrum erat et Phrygum turba et Macedonum, illa exspectatione suspensa, haec sollicita ex temeraria regis fiducia, quippe series vinculorum ita adstricta erat, ut, unde nexus inciperet quove se conderet, nec ratione nec visu perspici posset.*

3. *Karolus magnus exercebatur assidue equitando ac venando, quarum artium Franci adeo periti sunt, ut vix ulla in terris natio inveniri possit, quae in his eos aequet.*

---

infitiari – leugnen, **Phryges, -um** m – Phrygier, **Macedones, -um** m – Makedonier, **suspensus, -a, -um** – gespannt, **sollicitus, -a, -um** – beunruhigt, besorgt, **temerarius, -a, -um** – unbedacht, tollkühn, **quippe** – denn, **adstringere** – *hier:* straff anziehen, **nexus, -us** m – Verbindung, **visus, -us** m – Blick, das Sehen, **assidue** *Adv.* – ständig, **equitare** – reiten, **Franci, -orum** m – Franken, **aequare** – gleichkommen

ISBN 978-3-12-667011-1

M. Valerius Martialis: Epigrammata

Der aus Bilbilis in Spanien stammende Marcus Valerius Martialis (ca. 40–104 n. Chr.) gilt als Meister der Epigrammdichtung. In seinen polemisch-moralischen Epigrammen macht er sich über Laster und Schwächen seiner Mitmenschen lustig. Daneben stehen philosophische und erotische Epigramme. Über sein Leben ist wenig bekannt bis auf die spärlichen Informationen, die er selbst in seinem Werk gibt: Um 64 n. Chr. siedelt Martial nach Rom über, wo er als Dichter um 80 n. Chr. mit seinem ersten Epigrammbuch (*Liber de spectaculis*, Buch über Schauspiele) berühmt wird. Er schreibt neben anderen Werken insgesamt zwölf Bücher „Epigramme" *(Epigrammata)*, die meisten im Versmaß elegisches Distichon.

Grammatik: Wunschsätze, indirekte Frage

Schlechte Gastgeber

Dic mihi, quis furor est? Turba spectante vocata
solus boletos, Caeciliane, voras.
Quid dignum tanto tibi ventre gulaque precabor?
Boletum, qualem Claudius edit, edas.

(Martial, Epigramme 1, 20)

1 **vocare** – *hier:* einladen, 2 **boletus, -i** m – Pilz, 2 **vorare** – hinunterschlingen, fressen, 3 **dignus, -a, -um** + *Abl.*, 3 **venter, -tris** m – Magen, 3 **gula, -ae** f – Kehle, Rachen, 4 **Claudius** – *Kaiser Claudius soll durch giftige Pilze ermordet worden sein,* 4 **edere** – essen

Fugerit an Phoebus mensas cenamque Thyestae,
ignoro: Fugimus nos, Ligurine, tuam.
Illa quidem lauta est dapibusque instructa superbis,
sed nihil omnino te recitante placet.
Nolo mihi ponas rhombos mullumve bilibrem
nec volo boletos, ostrea nolo: Tace.

(Martial, Epigramme 3, 45)

1 **Phoebus, -i** m – Phöbus *(Sonne, die floh, als Thyestes von seinem Bruder Atreus die eigenen Kinder zum Mahl vorgesetzt bekam),* 1 **mensa, -ae** f – Tisch, 1 **Thyestes, -ae** m – Thyestes, 2 **Ligurinus, -i** m – *Dichter, der seine Gastmähler dazu nutzte, seine – wohl schlechten – Gedichte vorzutragen,* 3 **lautus, -a, -um** – ansehnlich, 3 **daps, -pis** f – Speise, 4 **recitare** – vorlesen, 5 **rhombus, -i** m – Steinbutt, 5 **mullus, -i** m – Meerbarbe *(als Delikatesse geschätzt),* 5 **bilibris, -bre** – zwei Pfund schwer, 6 **boletus, -i** m – Pilz, 6 **ostreum, -i** n – Auster

ISBN 978-3-12-667011-1

1. Was ist ein Epigramm? Informiere dich in einem Lexikon oder im Internet.

2. Um welche Konstruktion handelt es sich bei den unterstrichenen Wörtern? Übersetze.

   a) *Turba spectante vocata solus boletos voras.*
   b) *Nihil omnino te recitante placet.*

3. Ergänze den Lückentext zum Optativ (Wunschsatz). Übersetze anschließend die Beispielsätze.

   Wünsche werden im Lateinischen mit dem Konjunktiv ausgedrückt. Ein Wunsch, den der Sprecher für erfüllbar hält, steht im Konjunktiv ❶ ______________________. Als verstärkende Einleitung kann *utinam* oder *velim* (verneint *utinam ne, nolim*) stehen, was mit ❷ ______________________________ übersetzt werden kann oder aber auch unübersetzt bleibt.
   Hält der Sprecher ihn in der Gegenwart bzw. Vergangenheit für nicht erfüllbar, steht hingegen der Konjunktiv ❸ ______________________ bzw. ❹ ______________________. Als verstärkende Einleitung kann *utinam* oder *vellem* (verneint *utinam ne, nollem*) stehen.
   ❺ *Vinum bonum sit!*
   ❻ *Utinam Ligurinus carmina bona scriberet!*
   ❼ *Vellem Caecilianus nobis cibos bonos posuisset!*

4. a) Wo kannst du im ersten Epigramm einen Optativ entdecken? Bestimme und übersetze ihn.
   b) Ist im zweiten Epigramm auch ein Wunsch enthalten? Was ist daran anders? Übersetze.

5. Sind die Aussagen zur indirekten Frage richtig oder falsch? Kreuze an.

	richtig	*falsch*
a) In indirekten Fragen steht das Prädikat im Konjunktiv oder Indikativ.	☐	☐
b) Steht im Hauptsatz Präsens, Futur I oder II, folgt in der indirekten Frage bei Gleichzeitigkeit Konj. Präsens, bei Vorzeitigkeit Konj. Perfekt.	☐	☐
c) In indirekten Fragen steht unabhängig vom Prädikat des Hauptsatzes immer Konj. Präsens.	☐	☐
d) Indirekte Satzfragen werden mit *num, -ne, an* – ob eingeleitet.	☐	☐

6. a) Untersuche das zweite Epigramm auf indirekte Fragen. Bestimme und übersetze sie.
   b) Wie müsste die Frage unabhängig lauten? Forme um und übersetze.

7. Welche Verhaltensweisen kritisiert Martial in diesen beiden Epigrammen?

8. Analysiere das erste Epigramm metrisch. Benutze ggf. ein Wörterbuch zur Kontrolle der Längen. Welche metrischen Besonderheiten (z. B. Aphärese, Zäsur, Dihärese) kommen vor?

ISBN 978-3-12-667011-1

Lucius Annaeus Seneca: Epistulae morales ad Lucilium

Lucius Annaeus Seneca, ca. 4 v. Chr. in Corduba (Spanien) geboren, hatte in Rom die Ämterlaufbahn eingeschlagen und sich bereits als philosophischer Schriftsteller einen Namen gemacht, als er 41 n. Chr. nach Korsika verbannt wird. Seine Rückberufung wird 49 n. Chr. von Agrippina, der Mutter des späteren Kaisers Nero, betrieben, um ihn zum Rhetorik- und Philosophielehrer ihres Sohnes zu machen. Seneca übt am Kaiserhof bedeutenden politischen Einfluss aus. Als er seinen Einfluss auf Nero schwinden sieht, zieht er sich aus dem öffentlichen Leben zurück und setzt die philosophischen Studien fort; er verfasst u. a. die *Epistulae morales ad Lucilium*, „Moralbriefe" an Lucilius, also ethische Abhandlungen, die lebenspraktische Ratschläge enthalten und eigene Erfahrungen reflektieren. Als im Jahre 65 eine Verschwörung gegen Nero aufgedeckt wird, befiehlt dieser Seneca – dessen Beteiligung an der Verschwörung nicht bewiesen ist – den Selbstmord.

Grammatik: Funktionen des Ablativs, cum-Sätze

In den Thermen

Seneca Lucilio suo salutem.

Undique me varius clamor circumsonat, cum supra balneum habitem. Propone nunc tibi omnia genera vocum, quae in odium possunt aures adducere: Cum fortiores exercentur et manus plumbo graves iactant, cum aut laborant aut laborantem imitantur, gemitus audio. Audio crepitum manus unctoris, quae, prout plana pervenit aut concava, ita sonum mutat. Si vero pilicrepus supervenit et numerare coepit, actum est.

Adice nunc etiam illum, cui vox sua in balneo placet, adice nunc eos, qui in piscinam cum ingenti sono saliunt. Praeterea varias exclamationes et botularii et crustularii et eorum, qui res suas vendere cupiunt, audio.

„Num ferreus aut surdus es?", me interrogabis. „Quomodo mens inter tot clamores tam varios constat? Tibi certe non invideo. Non commodius est carere convicio?" Fateor; itaque ex hoc loco migrabo. Experiri et exercere me volui: Quid necesse est diutius torqueri, cum tam facile remedium Ulixes sociis etiam adversus Sirenes invenerit?

Vale.

(nach Seneca, Epistulae morales 56)

---

1 **alicui salutem (dicere)** – jem. grüßen *(Anfangsformel eines Briefes)*, 2 **circumsonare** – rings ertönen, umtönen, -rauschen, 3 **adducere in odium** – verhasst machen, 3 **plumbum, -i** n – Blei, 4 **gemitus, -us** m – Stöhnen, Ächzen, 4 **crepitus, -us** m – Klatschen, Knarren, 5 **unctor, -oris** m – Masseur, 5 **prout ..., ita** – je nachdem (ob) ..., so/entsprechend, 5 **concavus, -a, -um** – hohl, 5 **pilicrepus, -i** m – Ballspieler, 5 **supervenire** – dazukommen, 5 **pila, -ae** f – Ball, 6 **actum est** – es ist aus/vorbei, 8 **botularius, -ii** m – Wurstmacher, 8 **crustularius, -ii** m – Zuckerbäcker, 10 **ferreus, -a, -um** – aus Eisen, 10 **surdus, -a, -um** – taub, 11 **constare** – *hier:* ruhig bleiben, 11 **convicium, -i** n – Geschrei, 13 **remedium, -i** n – Heilmittel, 13 **Ulixes, -is** m – Odysseus *(ließ seinen Gefährten die Ohren mit Wachs verstopfen)*, 13 **Sirenes, -um** f – Sirenen *(Mischwesen aus Frau und Vogel, die Seefahrer mit ihrem verführerischen Gesang an die Klippen ihrer Insel lockten, um sie zu töten)*

ISBN 978-3-12-667011-1

1. Welche Funktion hat der Ablativ in den folgenden Ausdrücken? Ergänze. Erkläre dann die jeweilige Ablativfunktion mit eigenen Worten.

a) *graves plumbo manus*
b) *vox in balneo placet*
c) *cum ingenti sono saliunt*
d) *carere convicio*
e) *ex hoc loco migrabo*

2. Unterstreiche die Relativsätze und bestimme die Formen der Relativpronomina. Nenne dazu die Bezugswörter im übergeordneten Satz.

3. a) Welche Bedeutungen kann die Subjunktion **cum** haben? Ordne sie dem richtigen Modus zu.

als, nachdem *(cum historicum)* – (damals) als, (dann) wenn *(cum temporale)* – da, weil *(cum causale)* – (immer) wenn *(cum iterativum)* – obwohl *(cum concessivum)* – als plötzlich *(cum inversivum)* – während hingegen *(cum adversativum)* – indem *(cum explicativum)*

cum + Indikativ	**cum** + Konjunktiv

b) Übersetze die Beispielsätze und bestimme die Art der **cum**-Sätze.

① *Seneca, cum eum varius clamor circumsonet, epistulam scribere potest.*
② *Supra balneum habitat, cum se exercere et experiri volet.*
③ *Cum pilicrepus supervenit, actum est.*
④ *Ex eo loco migravit, cum diutius torqueri nollet.*

4. Suche im Seneca-Brief alle **cum**-Sätze heraus und überlege, welche Bedeutung die Subjunktion hat. Übersetze.

5. Welche Tätigkeiten ging man nach der Beschreibung Senecas in den Thermen nach? Was war außerdem oft an römische Bäder angeschlossen? Informiere dich anhand eines Lexikons oder des Internets.

6. Warum zieht der Stoiker Seneca in eine Wohnung über Thermen und setzt sich dem Lärm aus?

Die Stoa

Seneca ist ein Vertreter der Philosophierichtung Stoa, deren Anhänger in Übereinstimmung mit der Natur leben wollen: Die vernünftige Ordnung der Natur entspricht nach ihrer Auffassung der Vernunftnatur des Menschen. Die Vernunft *(ratio)* kann sich aber nur dann frei entfalten, wenn Leidenschaften und Gefühle (Neid, Hass, Vergnügungssucht, Angst vor dem Tod etc.) bekämpft werden. Ziel des Stoikers ist also eine unerschütterliche Gemütsruhe, unabhängig davon, was im Äußeren geschieht.

ISBN 978-3-12-667011-1

C. Plinius Caecilius Secundus: Epistulae

Gaius Plinius Caecilius Secundus (ca. 62–115 n. Chr.) – auch Plinius der Jüngere genannt – wird nach dem Tod seines Vaters von seinem Onkel Plinius dem Älteren adoptiert. Nach absolviertem Rhetorikstudium schlägt er die Ämterlaufbahn ein. Von seinen Werken (Reden, Gedichte) ist nichts überliefert außer der Sammlung von 120 „Briefen" *(Epistulae)*, die Plinius selbst um das Jahr 110 n. Chr. in zehn Büchern herausgibt. Die Briefe sind an Freunde und bekannte Zeitgenossen gerichtet und behandeln Themen der Politik oder Bildung, sie beschreiben Landschaften und Ereignisse, wie z. B. den Vesuvausbruch.

Grammatik: Funktionen des Genitivs; Irrealis, Potentialis

Wagenrennen

C. Plinius Calvisio suo s.

Omne hoc tempus inter pugillares ac libellos iucundissima quiete transmisi. „Quemadmodum", inquis, „in urbe potuisti?" Circenses erant, quo genere spectaculi ne levissime quidem teneor. Nihil novum, nihil varium, nihil, quod non semel spectavisse sufficiat. Quo magis miror tot milia virorum tam pueriliter identidem currentes equos, insistentes curribus homines videre cupere. Si tamen aut velocitate equorum aut hominum arte traherentur, esset ratio non nulla; nunc favent panno, et si in ipso cursu medioque certamine hic color illuc et ille huc transferatur, studium favorque transibit et repente agitatores illos, equos illos, quos procul noscitant, quorum clamitant nomina, relinquent. Tanta auctoritas in una vilissima tunica apud quosdam graves homines! Quos ego cum recordor in re inani, frigida, assidua tam insatiabiliter desidere, capio aliquam voluptatem, quod hac voluptate non capior. Ac per hos dies libentissime otium meum in litteris colloco, quos alii otiosissimis occupationibus perdunt.

Vale.

(nach C. Plinius Caecilius Secundus, Epistulae 9, 6)

---

1 **s(alutem dicere)** – grüßen *(Grußformel im Brief)*, 2 **pugillares, -ium** m – Schreibtäfelchen, 2 **libellus, -i** m – Büchlein, Notizbuch, 2 **transmittere, -mitto, -misi, -missum** – verbringen, 3 **circenses, -ium** m – Zirkusspiele *(Wagenrennen im Circus Maximus in Rom)*, 3 **tenere** – *hier:* fesseln, 5 **pueriliter** *Adv.* – kindisch, 5 **identidem** *Adv.* – wiederholt, immer wieder, 5 **insistere** + *Dat.* – stehen auf, 6 **si tamen** – wenn nur, 6 **velocitas, -atis** f – Schnelligkeit 6, **trahi** – *hier:* angezogen werden, 7 **pannus, -i** m – *hier:* Trikot *(die Mannschaften waren in Zirkusparteien eingeteilt und trugen unterschiedliche Farben)*, 8 **agitator, -is** m – Wagenlenker, 8 **procul** *Adv.* – von Weitem 9, **noscitare** – wahrnehmen, erkennen, 9 **clamitare** – laut rufen, 10 **vilis, -e** – billig, wertlos, 10 **recordari** – bedenken, 11 **frigidus, -a, -um** – fade, 11 **assiduus, -a, -um** – langweilig, 11 **insatiabilis, -e** – unersättlich, 11 **desidere** – (müßig) herumsitzen, 11 **voluptatem capere** – Vergnügen empfinden, 12 **capi** – *hier:* gefesselt werden, 12 **collocare in** + *Abl.* – verwenden auf, 12 **otiosus, -a, -um** – müßig *(von otium – Muße, Freizeit)*, 13 **occupatio, -ionis** f – Beschäftigung

ISBN 978-3-12-667011-1

1. Ergänze den Lückentext zu den Funktionen des Genitivs. Übersetze die Beispielsätze und bestimme die jeweilige Genitivfunktion.

   Der Genitiv bezeichnet einen Zugehörigkeitsbereich (Frage: „wessen?“) und ist meist ❶ ______________________ im Satz. Die Person, die handelt oder etwas empfindet, steht im **Genitivus** ❷ ____________________, die Sache oder Person, auf die sich die Handlung richtet, im **Genitivus** ❸ ____________________.
   Der **Genitivus possessivus** bezeichnet ❹ ____________________. Er steht häufig in Verbindung mit **esse**; dieser Ausdruck ist mit ❺ ______________________________ zu übersetzen. Die Gesamtheit, von der ein bestimmter Teil genannt wird, bezeichnet der **Genitivus** ❻ ____________________. Der **Genitivus qualitatis** gibt eine ❼ ____________________ an.

   ❽ *Gaudium spectatorum maximum est.*
   ❾ *Magistratuum est ludos circenses facere.*
   ❿ *Quid novi? Circenses sunt.*
   ⓫ *Multi libelli Plinii sunt.*
   ⓬ *Spes agitatorum victoriae magna est.*
   ⓭ *Plinius vir magnae doctrinae est.*

2. Welche Genitivfunktion liegt vor? Übersetze die Ausdrücke.

   genus spectaculi – milia virorum – velocitas equorum aut hominum ars

3. Was ist das Besondere der folgenden Relativsätze? Übersetze die Sätze.

   a) *Circenses erant, quo genere spectaculi ne levissime quidem teneor.*
   b) *Nihil novum, nihil varium, nihil, quod non semel spectavisse sufficiat.*

4. Welche Aussagen zum Irrealis und Potentialis sind richtig, welche falsch? Kreuze an.

	richtig	*falsch*
a) Mit dem Irrealis werden Handlungen als unmöglich bzw. nicht real dargestellt.	☐	☐
b) Für den Irrealis der Gegenwart steht Konjunktiv Präsens.	☐	☐
c) Der Irrealis der Vergangenheit wird mit dem Konjunktiv Plusquamperfekt ausgedrückt.	☐	☐
d) Mit dem Potentialis werden reale Tatsachen oder Handlungen beschrieben.	☐	☐
e) Für den Potentialis der Gegenwart steht Konjunktiv Präsens, für den Potentialis der Vergangenheit Konjunktiv Perfekt.	☐	☐
f) Irrealis und Potentialis stehen nur im Konditionalsatz.	☐	☐

5. Suche im Plinius-Brief alle Formen des Irrealis und des Potentialis heraus. Übersetze die (Teil-)Sätze.

6. Welche Meinung hat Plinius von den Wagenrennen?

ISBN 978-3-12-667011-1

M. Tullius Cicero: Epistulae ad familiares

Vom Anwalt, Politiker und Philosoph Marcus Tullius Cicero (106–43 v. Chr.) sind – neben seinen zahlreichen anderen Werken (Reden, rhetorische und philosophische Schriften) – auch einige Briefsammlungen erhalten, darunter die *Epistulae ad familiares* „Briefe an die Freunde". In einem dieser Briefe beschreibt er einen Besuch der öffentlichen Spiele in Rom, die Theateraufführungen, Tierjagden, Gladiatorenkämpfe, Wagenrennen und sportliche Wettkämpfe umfassen konnten.

Grammatik: Funktionen des Dativs und Genitivs, AcI

Bei den Spielen

M. Cicero s. d. M. Mario.

Si dolor corporis aut infirmitas valetudinis tuae prohibuit te ad ludos venisse, fortunae magis est quam sapientiae tuae. Si autem haec, quae ceteri mirantur, contemnis et, quamquam valuisti, venire tamen noluisti, laetor et te valuisse et sapientem esse.

Omnino, si quaeris, ludi optimi erant, sed tibi non placuissent. Apparatissimum enim spectaculum tollebat omnem hilaritatem! Quam enim delectationem habent sescenti muli in „Clytaemnestra"? Qui popularem admirationem habuerunt, delectationi autem tibi non fuissent.

Reliquae sunt venationes per dies quinque, magnificae – nemo negat –, sed quae delectatio potest polito homini esse, cum aut homo imbecillus a valentissima bestia laniatur aut praeclarior bestia venabulo transverberatur? Extremus elephantorum dies fuit, in quo admiratio vulgi multo maior quam delectatio nostra erat.

Haec ad te pluribus verbis scripsi, quam soleo. Spero te tamen ad ludos venturum esse nosque visurum esse neque per epistulas meas relicturum esse spem delectationis tuae.

Vale.

(nach Cicero, Epistulae ad familiares VII,1)

---

1 **s(alutem) d(icere)** – grüßen *(Grußformel im Brief)*, 2 **valetudo, -inis** *f* – Gesundheit, 5 **omnino** *Adv.* – insgesamt, im Ganzen, 5 **apparatus, -a, -um** – ausgestattet, 6 **hilaritas, -atis** *f* – Fröhlichkeit, Heiterkeit, 6 **delectatio, -onis** f – Vergnügen, 6 **mulus, -i** m – Maultiere, 6 **Clytaemnestra, -ae** f – Klytämnestra *(Titel einer Tragödie)*, 8 **venatio, -onis** f – Jagd, 9 **politus, -a, -um** – gebildet, 9 **imbecillus, -a, -um** – schwach, 9 **laniare** – zerreißen, zerfetzen, 10 **venabulum, -i** n – Jagdspieß, 10 **transverberare** – durchbohren, -stoßen, 10 **elephantus, -i** m – Elefant, 13 **spem relinquere** – die Hoffnung aufgeben

1. Leite die Bedeutung der folgenden Wörter her. Mit welchen dir bekannten sind sie verwandt?

   infirmitas – delectatio – admiratio – valens

2. Welche Funktion hat der Genitiv in den folgenden Sätzen? Übersetze sie.

   a) *Hoc fortunae magis est quam sapientiae tuae.*
   b) *Admiratio vulgi magna erat.*
   c) *Relinquo spem delectationis.*

ISBN 978-3-12-667011-1

3. a) Ergänze in der Tabelle zum Dativ die fehlenden Begriffe.

Lateinische Bezeichnung	Deutsche Bezeichnung	Funktion	Frage
Dativus commodi			
		bezeichnet den Zweck oder die Wirkung	
Dativus possessivus	Dativ des Besitzes		

Dativus commodi und **finalis** werden mit *esse* häufig zusammen verwendet, *esse* hat dann die Bedeutung „fähig sein, dienen zu, gereichen zu".
alicui (Dat. commodi) *honori* (Dat. finalis) *esse* – für jemandem eine Ehre bedeuten (*wörtl.* für jemanden zur Ehre sein)
alicui (Dat. commodi) *invidiae* (Dat. finalis) *esse* – von jemandem beneidet werden (*wörtl.* für jemanden zum Neid sein)

b) Übersetze die Beispielsätze. Welche Funktion hat der Dativ jeweils?

1. *Ludi populo admirationi fuerunt.*
2. *Ciceroni delectatio non est, cum homo a bestia laniatur.*
3. *Ludi Marco Mario non placent.*
4. *Ludi eis cordi non sunt.*

4. Suche die Dative im Cicero-Brief heraus und bestimme ihre Funktion.

5. Welche Konjunktivfunktion liegt in folgenden Teilsätzen vor?
sed tibi non placuissent – delectationi tibi non fuissent

6. Welche Aussagen zum AcI sind richtig, welche falsch? Kreuze an.

	richtig	*falsch*
a) Der AcI besteht aus einem Akkusativ und einem Infinitiv.	☐	☐
b) Der AcI hängt immer von einem Verb des Sagens und Meinens ab.	☐	☐
c) Der AcI kann auch von Verben des Glaubens, der Wahrnehmung, des Fühlens, der Abhaltens und Hinderns sowie von unpersönlichen Ausdrücken abhängen.	☐	☐
d) Im AcI steht immer ein Infinitiv Präsens.	☐	☐
e) Im AcI steht der Infinitiv Perfekt zum Ausdruck der Vorzeitigkeit, der Infinitiv Präsens zum Ausdruck der Gleichzeitigkeit, der Infinitiv Futur zum Ausdruck der Nachzeitigkeit.	☐	☐
f) Die Form des Infinitivs (Präsens, Futur, Perfekt) hängt vom Tempus des übergeordneten Prädikats ab.	☐	☐

7. Schreibe alle AcIs aus dem Text heraus und unterstreiche die Akkusative und Infinitive. Von welchem Verb hängen sie ab? Bestimme das Zeitverhältnis und übersetze.

8. Was hält Cicero von den öffentlichen Spielen? Gib die Meinung Ciceros in eigenen Worten auf Deutsch wieder. Wie denkst du darüber?

ISBN 978-3-12-667011-1

Arbeit mit dem Wörterbuch 1

In einem lateinischen Wörterbuch sind die Stichwörter – wie in jedem anderen Lexikon – alphabetisch angeordnet. Die einzelnen Wortarten werden jedoch recht unterschiedlich aufgeführt – wie, das kannst du dir mithilfe der untenstehenden Aufgaben erarbeiten.

1. a) Schlage dein Wörterbuch auf und suche nach einem **Substantiv**, das du schon kennst. Ergänze dann den Lückentext und nenne ein beliebiges Beispiel.

   Substantive sind im ① ______________________________ aufgeführt. Zusätzlich sind der ② ______________________________, an dem du die Deklinationsart erkennst, sowie das ③ ______________________________ angegeben.
   Beispiel: ④ ______________________________

   b) Wie lautet der Nom. Sg. der folgenden Substantive? Unter welchem Eintrag findest du also die Bedeutung dieser Substantive? Schlage die Grundbedeutung nach und benenne die ihre Deklination.

   tabellis – venationum – eloquio – vectorum – crepitum – illuviei

2. a) Schlage die folgenden **Adjektive** in deinem Wörterbuch nach. Was ist außer dem Nominativ Singular und der Bedeutung noch angegeben?

   pulcher – vetus – carus – celer – felix – brevis

   b) Formuliere, wie die Adjektive der verschiedenen Deklinationsklassen im Wörterbuch aufgeführt werden.

3. a) Suche in deinem Wörterbuch nach jeweils einem (beliebigen) **Verb** einer jeden Konjugationsklasse. Schreibe auf, wie die Verben angegeben werden. Ergänze dann den Lückentext.

   a-Konj.: ______________________ e-Konj.: ______________________
   kons. Konj.: ______________________ gem. Konj.: ______________________
   i-Konj.: ______________________

   Verben sind unter der ① ______________________ Indikativ Präsens Aktiv (bzw. Passiv bei ② ______________________) zu finden. Die Konjugationsklasse ist in ③ ______________________ angegeben, ebenso findest du dort die ④ ______________________, es sei denn es handelt sich um ein regelmäßiges Verb der ⑤ ______- oder ⑥______-Konjugation.

   b) Welche Ziffer steht also für welche Konjugation? Sieh ggf. im Abkürzungsverzeichnis deines Wörterbuchs nach.

   c) Bestimme die folgenden Verbformen. Unter welchem Eintrag findest du sie im Wörterbuch?

   delevimus – moritur – quaerens – volebamus – possitis – impulit

ISBN 978-3-12-667011-1

P. Ovidius Naso: Ars amatoria

Der Dichter Publius Ovidius Naso (43 v. Chr.–18 n. Chr.) lebt bis 8 n. Chr. in Rom. In diesem Jahr wird er aus nicht weiter bekannten Gründen ans Schwarze Meer verbannt, wo er etwa zehn Jahre später auch stirbt. Zu seinen Dichtungen zählen u. a. die *Amores*, „Liebeselegien", die *Metamorphoses*, „Verwandlungen", und die *Ars amatoria*, „Liebeskunst". Die *Ars amatoria* enthält Tipps zum Thema Liebe für Männer und Frauen, wie man z. B. eine Geliebte findet, ihre Liebe gewinnt und erhält.

Grammatik: Konjunktiv Präsens im Hauptsatz, ut-Sätze

Tipps für das Verfassen von Liebesbriefen

Cera vadum temptet, rasis infusa tabellis:
    Cera tuae primum conscia mentis eat.
Blanditias ferat illa tuas imitataque amantem
    verba, nec exiguas, quisquis es, adde preces.
Promittas facito: Quid enim promittere laedit?
    Pollicitis dives quilibet esse potest.
Spes tenet in tempus, semel est si credita, longum:
    Illa quidem fallax, sed tamen apta dea est.
Ergo eat et blandis peraretur littera verbis,
    exploretque animos, primaque temptet iter.
Disce bonas artes, moneo, Romana iuventus,
    non tantum trepidos ut tueare reos.
Quam populus iudexque gravis lectusque senatus,
    tam dabit eloquio victa puella manus.
Sit tibi credibilis sermo consuetaque verba,
    blanda tamen, praesens ut videare loqui.

(P. Ovidius Naso, Ars amatoria 1, 437–468)

---

1 **cera, -ae** f – Wachs(täfelchen), 1 **vadum, -i** n – Untiefe, (unbekanntes) Gewässer, 1 **rasus, -a, -um** – geglättet, 1 **tabella, -ae** f – Täfelchen *(für die Schreibtäfelchen wurde Wachs auf Holzbrettchen gegossen und mit Spateln glatt gestrichen)*, 2 **conscia, -ae** f – Mitwisserin, 3 **blanditia, -ae** f – Schmeichelei, 4 **exiguus, -a, -um** – knapp, klein, 5 **facito (ut) promittas** – *Imperativ II von facere*, 6 **pollicitum, -i** n – Versprechen, 6 **quilibet, quaelibet, quodlibet** – jeder beliebige, 8 **fallax, -acis** – trügerisch, 8 **aptus, -a, -um** – *hier:* zweckdienlich, 9 **blandus, -a, -um** – schmeichelnd, 9 **perarare** – *hier:* (auf Wachstäfelchen) einritzen, schreiben, 9 **littera, -ae** f – Buchstabe, *hier:* Brief, 12 **trepidus, -a, -um** – beunruhigt, aufgeregt, 12 **tueri** – schützen, 13 **lectus, -a, -um** – erlesen, vortrefflich, 14 **eloquium, -i** n – Beredsamkeit, 14 **manus dare** – sich ergeben, 16 **videare** = videaris

ISBN 978-3-12-667011-1

1. a) Ergänze den Lückentext zum Konjunktiv Präsens im Hauptsatz.

   Der Konjunktiv Präsens im Hauptsatz kann eine Möglichkeit ausdrücken oder eine Behauptung abmildern. Er wird dann ❶ ______________________ genannt. Mit ihm lässt sich aber auch eine Aufforderung ausdrücken: Eine Aufforderung an die 1. Pers. Pl. wird ❷ ______________________ genannt, an die ❸ ______________________ Iussiv.
   In Fragesätzen bezeichnet der Konjunktiv Präsens ein Abwägen oder Zweifeln, er heißt dann ❹ ______________________.
   In Wunschsätzen drückt er einen ❺ ______________________ Wunsch aus (Optativ).

   b) Was drückt der Konjunktiv jeweils aus? Übersetze die Sätze.
   ❶ *Puellane me amat an non? Quid faciam?*
   ❷ *Scribamus litteras ad puellas!*
   ❸ *Marcus litteras ad Corneliam mittat.*
   ❹ *Utinam Cornelia respondeat!*
   ❺ *Cornelia se Marcum non amare dicit – quis hoc credat?*

2. Untersuche alle Hauptsätze, in denen ein Konjunktiv vorkommt. Welche Funktion liegt vor? Übersetze.

3. Auch in der Dichtung kommen rhetorische Stilmittel zum Einsatz, besonders häufig in diesem Text:
   • **Hyperbaton** (getrennte Stellung von Zusammengehörendem),
   • **Alliteration** (gleicher Anfangsbuchstabe von aufeinanderfolgenden Wörtern),
   • **Anapher** (gleicher Satzanfang), **Parallelismus** (gleiche Satzstellung paralleler Satzglieder),
   • **Chiasmus** (Überkreuzstellung von parallelen Satzgliedern).
   Suche Beispiele für diese Stilmittel heraus.

4. a) Die Subjunktion *ut* hat viele Bedeutungen und leitet unterschiedliche Gliedsatzarten ein. Ergänze die fehlenden Begriffe.

Bedeutung	*wie*		*(so)dass*	*sobald*
Gliedsatzart	Komparativsatz	Finalsatz		
Modus				Indikativ

   b) Welche **ut**-Sätze werden im Text verwendet? Übersetze.

5. Versuche, die ersten sechs Verse metrisch zu analysieren und korrekt zu lesen. Benutze ggf. ein Wörterbuch zur Kontrolle der Längen.

> Das **elegische Distichon** besteht aus einem Vers daktylischem Hexameter und einem Vers daktylischem Pentameter. Der Daktylus (– ∪∪) kann auch durch einen Trochäus (– –) ersetzt werden.

6. Informiere dich in einem Lexikon oder im Internet über die *bonae artes* bzw. *artes liberales*, wie sie üblicherweise genannt wurden.

7. Was haltet ihr von Ovids Ratschlägen? Diskutiert in der Klasse.

ISBN 978-3-12-667011-1

C. Valerius Catullus: Carmina

Von Gaius Valerius Catullus (ca. 84–54 v. Chr.) sind 116 „Gedichte" *(carmina)* überliefert. Er gehört zum Kreis der sogenannten Neoteriker, die die hellenistische Dichtung zum Vorbild haben und Wert legen auf kleine, ausgefeilte dichterische Formen.
Neben Spottgedichten enthält sein Werk auch Liebesgedichte in unterschiedlichen Versmaßen. Die meisten sind an eine Frau namens Lesbia gerichtet. Hinter diesem Namen verbirgt sich Catulls Geliebte Clodia, die Schwester des Volkstribunen Publius Clodius Pulcher.

Grammatik: Verba defectiva, indirekte Frage

Hassliebe

Odi et amo. Quare id faciam, fortasse requiris.
Nescio, sed fieri sentio et excrucior.

(C. Valerius Catullus, Carmina 85)

Lesbia mi dicit semper male nec tacet umquam
de me: Lesbia me, dispeream, nisi amat.
Quo signo? Quia sunt totidem mea: Deprecor illam
assidue, verum dispeream, nisi amo.

(C. Valerius Catullus, Carmina 92)

---

1 **requirere** – fragen, wissen wollen 2, **excruciari** – sich zu Tode quälen,
1 **mi** = mihi, 1 **male dicere alicui** – über jem. schlecht reden, 2 **dispeream nisi** – ich will tot umfallen, wenn nicht, 2 **totidem** – ebenso viele, 3 **mea** – *erg.* signa, 3 **deprecari** – verwünschen, 4 **assiduus, -a, -um** – (be-)ständig

1. a) Einige wenige Verben sind nur im Perfektstamm (*meminisse, odisse*) gebräuchlich, sie zählen zu den **Verba defectiva.** Welche Besonderheit musst du bei der Übersetzung dieser Verben beachten?

   b) Übersetze die folgenden Formen.

odisse	________________	*oderas*	________________
oderunt	________________	*odero*	________________
odissemus	________________	*memento*	________________
meministi	________________	*meminerat*	________________
memini	________________	*meminissent*	________________

ISBN 978-3-12-667011-1

2. a) Ergänze den Text zur indirekten Frage und zur Zeitenfolge.

In indirekten Fragen steht das Prädikat immer im ❶ ______________________
und richtet sich nach der Zeitenfolge **(Consecutio temporum)**. Steht im Hauptsatz Präsens, Futur I oder II, folgt in der indirekten Frage bei Gleichzeitigkeit ❷ ______________________, bei Vorzeitigkeit ❸ ______________________. Steht im Hauptsatz ein Vergangenheitstempus, so folgt bei Gleichzeitigkeit ❹ ______________________, bei Vorzeitigkeit ❺ ______________________.

b) Welche indirekte Frage findest du im ersten Gedicht? Bestimme die Art der Frage, die Form des Prädikats, das Zeitverhältnis und übersetze. Wandle den Satz in eine direkte Frage um.

3. Welche Wortart wird im ersten Gedicht hauptsächlich verwendet? Was soll damit ausgedrückt werden? Benenne die rhetorischen Stilmittel, die hierbei verwendet werden.

4. Welche rhetorischen Stilmittel kannst du im zweiten Gedicht ausfindig machen?

5. Beschreibe den geistig-seelischen Zustand, in dem sich der Ich-Erzähler befindet. Vergleiche die beiden Gedichte.

6. Diese beiden Liebesepigramme sind im elegischen Distichon geschrieben. Versuche, die beiden Gedichte metrisch zu analysieren und korrekt zu lesen. Benutze ggf. ein Wörterbuch zur Kontrolle der Längen. Welche metrischen Besonderheiten findest du?

Das **elegische Distichon** besteht aus einem Vers daktylischem Hexameter und einem Vers daktylischem Pentameter. Der Versfuß Daktylus (– ◡◡) kann auch durch einen Trochäus (– –) ersetzt werden.

Folgende metrische Besonderheiten können auftreten:
Elision: Unterdrückung des Endvokals, wenn das folgende Wort mit Vokal beginnt.
Zäsur: Pause innerhalb des Versfußes
Dihärese: Pause am Ende des Versfußes
Enjambement: Wortstellung, die am Ende des Verses keine Pause zulässt, da der Sinnzusammenhang über das Zeilenende hinausgeht.

ISBN 978-3-12-667011-1

M. Valerius Martialis: Epigrammata

Der aus Bilbilis in Spanien stammende Marcus Valerius Martialis (ca. 40–104 n. Chr.) gilt als Meister der Epigrammdichtung. In seinen polemisch-moralischen Epigrammen macht er sich über Laster und Schwächen seiner Mitmenschen lustig. Daneben stehen philosophische und erotische Epigramme. Über sein Leben ist wenig bekannt bis auf die spärlichen Informationen, die er selbst in seinem Werk gibt: Um 64 n. Chr. siedelt Martial nach Rom über, wo er als Dichter um 80 n. Chr. mit seinem ersten Epigrammbuch (*Liber de spectaculis*, „Buch über Schauspiele") berühmt wird. Er schreibt neben anderen Werken insgesamt zwölf Bücher „Epigramme" *(Epigrammata)*.

Grammatik: Fragesätze

Wahre Liebe?

1 Petit Gemellus nuptias Maronillae
et cupit et instat et precatur et donat.
Adeone pulchra est? Immo foedius nil est.
Quid ergo in illa petitur et placet? Tussit.

(M. Valerius Martialis, Epigrammata 1, 10)

1 „Thaida Quintus amat." „Quam Thaida?" „Thaida luscam."
Unum oculum Thais non habet, ille duos.

(M. Valerius Martialis, Epigrammata 3, 8)

---

1 **nuptiae, -arum** f – Ehe, 2 **precari** – bitten, flehen, 3 **adeo** *Adv.* – so (sehr), 3 **immo** – vielmehr, im Gegenteil, 3 **nil** = nihil, 3 **foedus, -a, -um** – hässlich, abstoßend, 4 **tussire** – husten
1 **Thais, -idis** f, *Akk. Sg.* **Thaida** – Thais, *Frauenname*, 1 **luscus, -a, -um** – einäugig

1. a) Ergänze den Lückentext und die Tabelle zum Thema Fragesätze.

Bei Fragesätzen unterscheidet man zwischen ❶ ________________- und ❷ ________________ fragen. ❸ ________________ werden durch Fragepartikel eingeleitet, an denen die erwartete Antwort erkennbar ist.

Doppelfragen stellen zwei Möglichkeiten zur Wahl, man erkennt sie an den Fragepartikeln ❹ ________________________________.

Wortfragen werden durch ❺ ________________ und ❻ ________________ eingeleitet, z. B. *quando* – ❼ ________________, *cur* – ❽ ________________, *quis* – ❾ ________________, *quid* – ❿ ________________.

ISBN 978-3-12-667011-1

Fragepartikel	erwartete Antwort	Übersetzung
-ne		–
	nein	
		etwa ... nicht

b) Bestimme die Art des Fragesatzes und übersetze.
❶ *Quem Gemellus amat?*
❷ *Gemellusne Maronillam amat?*
❸ *Quid Gemellus petit?*
❹ *Quam puellam Quintus cupit?*
❺ *Num Quinto oculi duo deficiunt?*

2. Welche Arten von Fragesätzen werden in den beiden Epigrammen verwendet? Bestimme und übersetze sie.

3. Um welche rhetorischen Stilmittel handelt es sich hier?
a) *et cupit et instat et precatur et donat*
b) *unum oculum Thais non habet, ille duos*

4. Die beiden Epigramme sind in unterschiedlichen Versmaßen geschrieben, das erste im Hinkjambus, das zweite im elegischen Distichon. Versuche, sie metrisch zu analysieren und korrekt zu lesen. Benutze ggf. ein Wörterbuch zur Kontrolle der Längen. Welche metrischen Besonderheiten findest du?

Der **Hinkjambus** setzt sich aus fünf Jamben (∪ –) und einem sechsten Versfuß zusammen, der aus einer Länge und einer Kürze (Trochäus, – ∪) oder aber aus zwei Längen (Spondeus, – –) bestehen kann. Die Kürzen im ersten und dritten Versfuß können durch eine Länge ersetzt werden, die Längen durch zwei Kürzen.

Das **elegische Distichon** besteht aus einem Vers daktylischem Hexameter und einem Vers daktylischem Pentameter. Der Versfuß Daktylus (– ∪) kann auch durch einen Spondeus (– –) ersetzt werden.

Metrische Besonderheiten:
Elision: Unterdrückung des Endvokals (auch Vokal + *-m*), wenn das folgende Wort mit Vokal beginnt.
Synizese: Zusammenziehung zweier Vokale im Wortinneren
Aphärese: Unterdrückung des Anfangvokals von *est* oder *es*, wenn das vorangehende Wort mit Vokal oder Vokal + *-m* endet
Zäsur: Pause innerhalb des Versfußes
Dihärese: Pause am Ende des Versfußes

5. Was wird an Maronilla so erstrebenswert sein? Wer von den beiden liebt also wirklich – Gemellus oder Quintus?

6. Was ist ein Epigramm? Informiere dich in einem Lexikon oder im Internet.

ISBN 978-3-12-667011-1

Aeneas Sylvius Piccolomini: De duobus amantibus historia

Aeneas Sylvius Piccolomini bzw. Enea Silvio de' Piccolomini (1405–1464), der spätere Papst Pius II., verfasste 1444, kurz bevor er Priester wurde, die „Geschichte von zwei Liebenden" *(De duobus amantibus historia)*. In dieser Geschichte geht es um die Liebe zwischen einer – mit einem älteren Mann verheirateten – Frau namens Lucretia und dem Franken Euryalus, der mit dem Kaiser Sigismund (römisch-deutscher Kaiser von 1433 bis 1437) nach Siena kommt. Die Novelle gehörte zu den meist gelesenen Werken des 15. Jh.

Grammatik: Aufforderungen und Befehle, Funktionen des Ablativs

Heimliches Treffen

Nachdem sich Lucretia, die Ehefrau des Menelaus, und Euryalus auf den ersten Blick ineinander verliebt hatten, gestehen sie sich ihre Liebe in vielen Briefen. Sie sehen sich zwar häufig – aber immer nur aus der Ferne. Als ein erstes Treffen der Liebenden fehlschlägt, erbarmt sich Lucretias treuer Diener Sosias und bietet seine Hilfe an, um ein erneutes heimliches Treffen zu organisieren.

„Tu scis, quantum ardeam", Lucretia inquit. „Diu ferre non possum hanc flammam. Iuva me, ut simul esse possimus. Euryalus amore languet et ego morior. Vade igitur Euryaloque viam unicam me accedendi dicito. Abhinc quadriduo, cum rustici frumentum afferunt, vectoris personam induat opertusque sacco triticum per scalas in horreum ferat. Tu scis thalamum meum ad scalas habere ostium atque omnia Euryalo dicito. Is ostium impellat, dum solus sit, et ad me ingrediatur."

Der Plan klappt, die Liebenden sind endlich glücklich vereint.
„Heu, quanto te", Lucretia ait, „discrimini subiecisti! Quid amplius dicam? Iam me tibi carissimam scio. Dii tantum fata secundent et amori nostro prosperum eventum dent."
Iam Euryalus depositis sordibus ostro fulgebat et auro et Lucretiam amplectari volebat. Tum Sosias ante ostium pulsitans: „Cavete", inquit, „amantes. Nescio quid rerum quaerens Menelaus huc festinat. Tegite furta vestra doloque virum fallite. Nihil est, qua egredi possitis."

(nach Aeneas Sylvius Piccolomini, De duobus amantibus)

---

2 **simul** – *hier:* zusammen, 2 **languere** – dahinsiechen, 2 **vadere** – gehen, 3 **abhinc** – von jetzt an, ab heute, 3 **quadriduum, -i** n – (Zeitraum von) vier Tage(n), 3 **rusticus, -i** m – Bauer, 4 **vector, -oris** m – Lastträger, 4 **persona, -ae** f – Maske, 4 **opertus, -a -um** – beladen, 4 **saccus, -i** m – Sack 4, **triticum, -i** n – Weizen, 5 **thalamus, -i** m – Schlafzimmer, 5 **ostium, -ii** n – Tür, 7 **heu** – ach, 7 **discrimen, -inis** n – *hier:* Gefahr, 8 **secundare** – begünstigen, zum Guten wenden, 9 **sordes, -ium** f. – *hier:* schmutzige Kleidung, 9 **ostrum, -i** n – Purpur, 10 **pulsitare** – laut klopfen, 11 **furtum, -i** n – *hier:* heimliches Tun, 11 **qua** – wo(hin)

ISBN 978-3-12-667011-1

1. a) Erkläre die Ablativfunktionen und ordne ihnen die folgenden Sätze zu. Übersetze.

Ablativus qualitatis ______________________

Ablativus causae ______________________

Ablativus temporis ______________________

Ablativus limitationis/respectus ______________________

Ablativus instrumentalis ______________________

Ablativus comparationis ______________________

❶ *Cum Sigismundus Senam (Sena – Siena) venisset, quattuor mulieres ei obviam ierunt nobilitate, forma aetateque paene pares.*
❷ *Praecipue inter eas nitore (nitor, -oris* m – Schönheit) *Lucretia fulsit.*
❸ *Nihil suavius eius oratione nec modestius fuit.*
❹ *Euryalus, qui duorum et triginta annorum erat, non eminentis staturae, sed laetae grataeque habitudinis (habitudo, -inis* f – Aussehen) *et illustribus oculis erat.*

b) Welcher andere Kasus in Satz 4 hat dieselbe Funktion wie der Ablativ in diesem Satz?

2. Bestimme die Funktion der Ablative, die im Text verwendet werden.

3. a) Ergänze den Lückentext zu Aufforderungen und Befehlen.

Befehle und Aufforderungen an die 2. Pers. Sg. und Pl. werden mit dem ❶ ______________ ausgedrückt. Aber auch mit dem Konjunktiv ❷ ______________ können Aufforderungen formuliert werden: Eine Aufforderung an die 1. Pers. Pl. wird ❸ ______________ genannt, an die 3. Pers. Sg. und Pl. ❹ ______________.

b) Welche Befehle und Aufforderungen kannst du im Text entdecken? Bestimme und übersetze sie.

4. Welche Funktionen hat der Konjunktiv Präsens in den folgenden Sätzen? Übersetze.
a) *Quid amplius dicam?*
b) *Dii tantum fata secundent et amori nostro prosperum eventum dent.*

5. Um welche Konstruktion handelt es sich? Übersetze.

viam unicam me accedendi

6. Wie könnte die Geschichte weitergehen? Schreibe eine Fortsetzung (auf Deutsch).

ISBN 978-3-12-667011-1

Analyse eines Versmaßes – *Regeln der lateinischen Prosodie*

Ein **Versmaß** gibt einem Gedicht den Rhythmus. Es besteht aus **Versfüßen**, einer bestimmten Abfolge von langen (–) und kurzen (◡) Silben. Zu den Versfüßen zählen Daktylus (– ◡◡), Spondeus (– –), Trochäus (– ◡) und Jambus (◡ –).
In der lateinischen Dichtung werden häufig die folgenden Versmaße verwendet:
- der **Hexameter**, der sich aus fünf Daktylen und an sechster Stelle einem Spondeus oder Trochäus zusammensetzt. In allen Füßen kann der Daktylus durch einen Spondeus ersetzt werden (selten jedoch im fünften Fuß);
- das **elegische Distichon**, das aus einem Vers daktylischem Hexameter und einem Vers daktylischem Pentameter besteht. Der Pentameter setzt sich zusammen aus der ersten Hälfte eines Hexameters und deren Wiederholung. Der Daktylus kann ebenfalls durch einen Trochäus ersetzt werden;
- der **Hinkjambus**, der aus fünf Jamben und an sechster Stelle aus einem Trochäus oder einem Spondeus besteht. Die Kürzen im ersten und dritten Versfuß können durch eine Länge ersetzt werden, die Längen durch zwei Kürzen.

Achtung: In den meisten Versmaßen kann die letzte Silbe kurz oder lang sein, der Fachausdruck hierfür ist **syllaba anceps**.

1. Zeichne jeweils die Grundform eines Hexameters, eines elegischen Distichons und eines jambischen Senars auf.

Um das Versmaß eines Gedichts analysieren zu können, musst du also wissen, ob eine Silbe kurz oder lang ist. Eine Silbe mit langem Vokal sowie mit Doppelvokal (Diphthong) ist immer lang (sogenannte **Naturlänge**). Bei vielen Wörtern macht allein die Quantität (Kürze bzw. Länge) eines Vokals einen großen Bedeutungsunterschied aus!

2. Schlage im Wörterbuch die folgenden Wörter nach: Wo sich lange Vokale befinden, setze einen Längenstrich.

   dicere – consul – locus – dives – ratio – fides – habere – probabilis – bonus – homo – audire

3. Bestimme die Formen der folgenden Wörter und übersetze. Achte auf die Quantität! Nimm ggf. ein Wörterbuch zu Hilfe.

   mālum – malum – pāret – paret – legō – lēgō – rēgī – rīgī – liber – līber

Aber auch eine Silbe mit kurzem Vokal kann als lang gelten, wenn auf diesen Vokal mehr als ein Konsonant folgt (sogenannte **Positionslänge**). Innerhalb eines Verses wird dann nicht nur das Wort selbst, sondern auch das Folgewort berücksichtigt.
Ausnahme: Folgt innerhalb eines Wortes auf einen kurzen Vokal die Konsonantenkombination *muta cum liquida*, also -b-/-p-/-t-/-d-/-c-/-g- + -r-/-l-/-m-/-n-, so kann die Silbe als lang oder kurz gewertet werden *(ablātum oder āblātum, volucris oder volūcris)*.

4. a) Kennzeichne die natur- und positionslangen Silben der folgenden Wörter.

   est – libertas – balneum – pandere – umbra – nigrum – aggredi – observare

   b) Bestimme die Quantitäten der folgenden Verse. Nimm ggf. ein Wörterbuch zu Hilfe. Um welche Versmaße handelt es sich?

   ❶ *Fugerit an Phoebus mensas cenamque Thyestae,*
   ignoro: Fugimus nos, Ligurine, tuam.
   ❷ *Petit Gemellus nuptias Maronillae*
   et cupit et instat et precatur et donat.

ISBN 978-3-12-667011-1

Titus Maccius Plautus: Mostellaria

Über das Leben des höchst erfolgreichen Komödiendichters Titus Maccius Plautus (ca. 250–184 v. Chr.) ist nur wenig bekannt. Nach Verlust seines Vermögens soll er in einer Mühle gearbeitet und sich – als er damit erste Erfolge hatte – ganz dem Komödienschreiben gewidmet haben. Von seinen – nach griechischem Vorbild geschriebenen – Komödien sind 20 erhalten. Die *Mostellaria* („Gespensterkomödie") spielt in Athen, die Namen der Personen sind griechisch.

Grammatik: Kasusfunktionen, Aufforderungen und Verbote, präsentisches Perfekt

Unerwartete Rückkehr

Philolaches, ein junger Athener, feiert mit seinen Freunden eine Party nach der anderen, während sein Vater Theopropides auf mehrjähriger Geschäftsreise ist. Philolaches hat sich in der Zwischenzeit in die Prostituierte Philematium verliebt und diese freigekauft.

TRANIO Iuppiter supremus summis opibus atque industriis me perire et Philolachetem cupit, erilem filium. Occidit spes nostra, nec Salus nobis saluti iam esse, si cupiat, potest: Ita maeroris montem maximum ad portum modo conspicatus sum: Erus advenit peregre, periit Tranio. Sed ego sumne infelix, qui non curro curriculo domum? *(eilt zu Philolaches)*
PHILOLACHES Adest, adest obsonium. Eccum, Tranio a portu redit.
TRANIO Philolaches!
PHILOLACHES Quid est?
TRANIO Et ego et tu …
PHILOLACHES Quid, et ego et tu?
TRANIO Periimus.
PHILOLACHES Quid ita?
TRANIO Pater adest.
PHILOLACHES Quid ego ex te audio?
TRANIO Absumpti sumus. Pater, inquam, tuus venit.
PHILOLACHES Ubi is est, obsecro?
TRANIO Ubi is est? Adest!
PHILOLACHES Quis id ait? Quis vidit?
TRANIO Egomet, inquam, vidi.
PHILOLACHES Vae mihi! Quid ego ago nunc?
TRANIO Quid tu, miserum, me rogitas, quid agas? Accubas.
PHILOLACHES Quid ego nunc faciam?
TRANIO Iube haec hinc omnia amoliri. – Quis istic dormit?
PHILOLACHES Callidamates.
TRANIO Suscita istum, Delphium.
DELPHIUM: Callidamates, Callidamates, vigila!
CALLIDAMATES Vigilo. Cedo, ut bibam.
DELPHIUM Vigila! Pater advenit peregre Philolachetis.
PHILOLACHES Quaeso, edepol, exsurge! Pater advenit.
CALLIDAMATES Tuus venit pater? Iube eum abire rursum. Quid illi reditio etiam huc fuit?

ISBN 978-3-12-667011-1

PHILOLACHES Quid ego agam? Pater iam hic me offendet miserum adveniens ebrium, aedes plenas convivarum et mulierum. Perii!

TRANIO Habe bonum animum: Ego istum lepide medicabo metum. Satin habes, si ego advenientem ita patrem faciam tuum, non modo ne introeat, verum etiam ut fugiat longe ab aedibus? *(zu den Sklaven)* Vos modo hinc abite intro atque haec hinc propere amolimini. *(zu Delphium und Callidamates)* Vos autem intus potate haud tantillo minus!

PHILOLACHES Ei mihi, madeo metu!

TRANIO Potisne es, ut animo quieto sis et facias, quod iubeo?

PHILOLACHES Potest.

TRANIO Omnium primum: Aedes iamdudum, fac, occlusae sint! Intus noli quemquam muttire sinere!

PHILOLACHES Curabitur.

TRANIO Tamquam si intus nemo in aedibus habitet.

PHILOLACHES Licet.

TRANIO Ne quisquam responderit, quando has aedes pultabit senex.

PHILOLACHES Numquid aliud?

TRANIO Clavem mihi harum aedium Laconicam iube efferri: Has ego aedes occludam hinc foris.

PHILOLACHES In tuam custodelam meque et meas spes trado, Tranio.

(nach Titus Maccius Plautus, Mostellaria, II, 1, 348–406)

---

1 **Tranio, -onis** m – *Sklave des Philolaches*, 1 **Philolaches, -etis** m – *junger Athener, Sohn des Theopropides*, 1 **opes, -um** f – *hier:* Einsatz, 1 **industria, -ae** f – *hier:* Energie, 2 **erilis, -e** – des Herren, 2 **Salus, -utis** f – Göttin der Rettung, 3 **modo** *Adv.* – gerade eben, 4 **erus, -i** m – Herr, 4 **peregre** *Adv.* – aus der Fremde, 4 **infelix, -icis** – *hier:* verblendet, von Sinnen, 5 **curriculo** *Adv.* – schnell, 6 **obsonium, -i** m – Haupt-, Fischmahlzeit, 15 **absumere, -sumo, -sumpsi, -sumptum** – *hier:* völlig vernichten, 16 **obsecrare** – beschwören, anflehen, 19 **egomet** – ich selbst, 21 **rogitare** – fragen, 21 **accubare** – bei Tisch liegen, 23 **amoliri** – entfernen, wegräumen, 23 **istic** *Adv.* – dort, 24 **Callidamates, -is** m – *Freund des Philolaches*, 25 **Delphium, -i** f – *Geliebte des Callidamates*, 25 **suscitare** – aufwecken, 26 **vigilare** – aufwachen, wach sein, 27 **cedo, ut bibam** – gib her, damit ich etwas trinken kann!, 30 **reditio, -onis** f – Rückkehr, 31 **huc** *Adv.* – hierher, 31 **offendere** – *hier:* antreffen, 31 **ebrius, -a, -um** – betrunken, 33 **lepidus, -a, -um** – prächtig, herrlich, 33 **medicare** – heilen, 33 **satin** = satis-ne, 34 **facere aliquem ut/ne** – jemanden dahin bringen, dass/dass nicht, 36 **propere** *Adv.* – rasch, 37 **intus** *Adv.* – drinnen, 37 **tantillum, -i** n – so viel, ein bisschen, 38 **madere** – nass sein, 40 **potis, -e** – imstande, 41 **iamdudum** *Adv.* – sofort, 42 **muttire** – einen Mucks von sich geben, 44 **tamquam si** – so als ob, wie wenn, 46 **pultare** – klopfen, 48 **clavis Laconica, -is / -ae** f – Sicherheitsschlüssel *(für Türschlösser, die man auch von außen abschließen konnte)*, 50 **custodela, -ae** f – Obhut, Schutz

Häufig verwendete Ausrufe

cedo – gib her!, her damit!
ecce/eccum – sieh da!, da kommt …!
ei – wehe!
immo – im Gegenteil
obsecro – bitte
vae – wehe!
ecastor – beim Kastor!
edepol/pol – beim Pollux!
heus – hallo!, he!
mehercle – beim Herkules!
quaeso – bitte
vah – weh!, ach!

ISBN 978-3-12-667011-1
Klett

1. Welche Kasusfunktionen liegen bei den unterstrichenen Wörtern vor? Übersetze die Sätze.

   a) *Nec Salus nobis saluti iam esse potest.*
   b) *Sumne infelix, qui non curro domum?*
   c) *Tranio a portu redit.*
   d) *Vos autem intus potate haud tantillo minus!*
   e) *Ei mihi, madeo metu!*

2. Zahlreiche Ausrufe der lateinischen Alltagssprache sind in der Komödie üblich. Welche werden hier verwendet?

3. a) Ergänze den Lückentext.

Befehle und **Aufforderungen** an die 2. Pers. Sg. und Pl. werden mit dem ❶ ______________ ausgedrückt. Aber auch mit dem Konjunktiv ❷ ______________ können Aufforderungen formuliert werden: Eine Aufforderung an die 1. Pers. Pl. wird ❸ ______________ genannt, an die 3. Pers. Sg. und Pl. ❹ ______________.
Verbote werden entweder mit den Imperativen von ❺ ______________ (__________/__________) oder *ne* + Konjunktiv ❻ ______________ ausgedrückt.

b) Welche Befehle, Aufforderungen und Verbote werden im Text verwendet? Übersetze.

4. a) Richtig oder falsch? Kreuze an.

	richtig	*falsch*
❶ Unter einem präsentischen Perfekt versteht man eine Präsensform mit Perfektbedeutung.	☐	☐
❷ Eine Perfektform, die mit Präsens übersetzt wird, wird präsentisches Perfekt genannt.	☐	☐
❸ Das präsentische Perfekt bezeichnet einen Zustand, der in der Vergangenheit begonnen hat und in der Gegenwart noch andauert. Das Ergebnis wird betont.	☐	☐
❹ Das präsentische Perfekt wird auch konstatierendes Perfekt genannt.	☐	☐
❺ Das präsentische Perfekt wird auch resultatives Perfekt genannt.	☐	☐

   b) Übersetze die folgenden Formen als präsentisches Perfekt.

   odisti – abii – constitit – consuevimus – cognovistis – noverunt

5. Suche präsentische Perfektformen im Text und übersetze sie.

6. In der Komödie werden oft rhetorische Stilmittel verwendet. Welche kommen in der Anfangsrede des Tranio zum Einsatz?

7. Was könnte Tranio Philolaches' Vater erzählen, damit er nicht doch Verdacht schöpft und ins Haus geht? Schreibt einen Dialog zwischen Tranio und dem Vater. Beachtet dabei den Titel der Komödie (*Mostellaria* < *mostellum, -i* n – kleines Gespenst).

8. Lest den Ausschnitt aus dem Theaterstück mit verteilten Rollen.

ISBN 978 3 12-667011-1

Titus Maccius Plautus: Rudens

Über das Leben des höchst erfolgreichen Komödiendichters Titus Maccius Plautus (ca. 250–184 v. Chr.) ist nur wenig bekannt. Nach Verlust seines Vermögens soll er in einer Mühle gearbeitet und sich – als er damit erste Erfolge hatte – ganz dem Komödienschreiben gewidmet haben. Von seinen – nach griechischem Vorbild geschriebenen – Komödien sind 20 erhalten. Die Komödie *Rudens* („das Seil", „Schiffstau") spielt in Nordafrika, an der Küste von Kyrene (heute: Libyen).

Grammatik: indirekte Frage, verschränkter Relativsatz

Der geheimnisvolle Koffer

Bei einem Seesturm ist das Schiff eines Zuhälters untergegangen. Palaestra und ihre Freundin Ampelisca treiben – aus den Fängen des Zuhälters zunächst befreit – bei Kyrene an Land, wo sie im Venustempel Zuflucht suchen. Dort werden sie allerdings von dem Zuhälter, der ebenfalls überlebt hat, entdeckt. Doch als dieser sie gewaltsam mit sich reißen will, greift der in der Nachbarschaft wohnende Daemones ein. Unterdessen taucht ein geheimnisvoller Koffer auf, den Gripus, der Sklave des Daemones, verbotenerweise aus dem Meer gefischt und an sich gerissen hat.

GRIPUS O ere, salve.
DAEMONES Salve, Gripe. Quid fit?
TRACHALIO Tuusne hic servus est?
DAEMONES Meus est. Quid negotist?
TRACHALIO Hic vir scelestus est, nam illius lenonis vidulum tenet.
GRIPUS Non habeo.
TRACHALIO Negas, quod oculis vidi?
GRIPUS At ne videas velim! Habeo, non habeo: Quid curas, quid rerum geram?
DAEMONES Quid nunc tu vis? Dic mihi.
TRACHALIO Equidem ego neque partem posco mihi de isto vidulo neque meum esse umquam dixi; sed in isto inest cistellula huius mulieris, quam iam dudum dixi fuisse liberam.
DAEMONES Nempe tu hanc dicis, quam esse aiebas popularem meam?
TRACHALIO Admodum. Et crepundia, quae olim parva gestavit, in ista cistula insunt, quae inest in hoc vidulo. In qua sunt signa, quibus parentes noscere Palaestra possit suos. Te quaeso, ut eam cistulam iubeas Gripum reddere illi.
DAEMONES Cedo modo vidulum istum, Gripe! Audi nunc, Palaestra: Estne hic vidulus, in quo cistellam tuam inesse aiebas?
PALAESTRA Is est. Cistellam inesse oportet caudeam in isto vidulo. Dicam nominatim, quidquid inerit. Tu mihi nullum ostenderis! Si dicam vera, tum obsecro te, ut mea mi reddantur.
DAEMONES Placet. Solve vidulum ergo, ut, quid sit verum, quam primum sciam.
GRIPUS Solutus est.
DAEMONES Video cistellam. Haecine est?

ISBN 978-3-12-667011-1

PALAESTRA Ista est!

DAEMONES Puella, dic, quid insit, memorato omnia!

PALAESTRA Ensiculus est aureus primum, qui mei nomine patris litteratus est. Deinde securicula item aurea litterata: Ibi matris nomen scriptum est.

DAEMONES Mane! Dic, in ensiculo quid nomen est?

PALAESTRA Daemones.

DAEMONES Di immortales, ubi sunt spes meae?

GRIPUS Immo edepol meae?

DAEMONES Loquere, quid matris nomen hic in securicula sit!

PALAESTRA Daedalis.

DAEMONES Dei me servatum cupiunt.

GRIPUS At me perditum.

DAEMONES Filiam meam esse hanc oportet, Gripe.

GRIPUS Sit per me quidem. Dei omnes me miserum perdant, qui non circumspexi centiens, mene quis inspectaret, priusquam vidulum extraxi ex aqua!

PALAESTRA Postea sicilicula argentea et bulla aurea sunt, pater quam dedit mihi natali die.

DAEMONES *(zu sich selbst)* Ea est profecto! Contineri non queo. *(zu Palaestra)* Filia mea, salve. Ego sum pater tuus, ego sum Daemones, et mater tua eccam hic intus: Daedalis.

PALAESTRA Salve, mi pater insperate.

DAEMONES Age, eamus, mea gnata, ad matrem tuam!

GRIPUS Quid melius est, quam ut hinc intro abeam et me suspendam, saltem tantisper dum abscedat haec a me aegrimonia? *(geht mit dem Seil in der Hand ins Haus)*

(nach Titus Maccius Plautus, Rudens, IV, 4, 1045–1190)

---

1 **Gripus, -i** m – *Sklave des Daemones*, 1 **erus, -i** m – Herr, 2 **Daemones, -is** m – *älterer Exilathener, der an der Küste von Kyrene eine Villa besitzt, wo er mit seiner Frau Daedalis lebt*, 3 **Trachalio, -onis** m – *Sklave des Plesidippus, eines jungen Atheners, der sich in Palaestra verliebt und diese von ihrem Zuhälter freigekauft hatte*, 4 **quid negotist?** – worum geht's?, 5 **leno, -onis** m – Kuppler, Zuhälter, 5 **vidulus, -i** m – Koffer, 10 **equidem** *Adv.* – freilich, allerdings, 11 **iam dudum** *Adv.* – schon lange, 12 **liber, -era, -erum** – *hier:* freigeboren,13 **nempe** *Adv.* – sicherlich, 13 **aiebas** – du sagtest, 13 **popularis, -is** m/f – Landsmann/-männin, 14 **admodum** *Adv.* – *hier:* genau, jawohl, 14 **gestare** – mit sich tragen, 14 **crepundia, -orum** n Pl. – Kinderspielzeug, Kinderschmuck, 16 **quaeso** – ich bitte, 18 **cedo!** – gib her!, 18 **Palaestra, -ae** f – *Sklavin des Zuhälters, Geliebte des Plesidippus*, 20 **caudeus, -a, -um** – aus Binsen, Binsen-, 21 **nominatim** *Adv.* – einzeln, 22 **obsecrare** – beschwören, 23 **solvere** – *hier:* aufmachen, 23 **quam primum** – möglichst bald, 25 **haecine** = haec-ne, 27 **memorato** – *Imp. II zu memorare*, 29 **litteratus, -a, -um** – beschriftet, 30 **manere** – *hier:* warten, 33 **immo** – ja sogar, vielmehr, 33 **edepol** – beim Pollux!, 39 **per me quidem** – meinetwegen, 41 **bulla, -ae** f – Kapsel, 42 **natalis, -e** – Geburts-, 43 **contineri** – *(reflexiv)* sich zurückhalten, 43 **quire, queo, quivi** – können, 44 **eccam hic intus** – diese hier drinnen, 46 **insperatus, -a, -um** – unverhofft, 47 **age** – auf!, los!, 47 **gnata, -ae** f – Tochter, 48 **saltem** *Adv.* – wenigstens, 49 **tantisper dum** *Adv.* – so lange bis, 49 **aegrimonia, -ae** f – Kummer, Ärger

1. Welche Funktion hat der Konjunktiv in den folgenden Hauptsätzen? Bestimme die Form des Prädikats und übersetze.

   a) *At ne videas velim!*
   b) *Tu mihi nullum ostenderis!*

ISBN 978-3-12-667011-1

2. In der Komödie werden häufig Elemente der Umgangssprache verwendet. Dazu zählen u. a. **Diminutiva** (Verkleinerungsformen), die entweder einen kleinen Gegenstand meinen oder eine besondere Beziehung des Sprechers zu diesem Gegenstand zeigen.
Welche **Diminutiva** werden im Text verwendet? Erschließe ihre Bedeutung, indem du die Grundform des Substantivs herleitest. Benutze dazu ggf. ein Wörterbuch.

Diminutiva
Diminutiva werden gebildet, indem an den Stamm eines Substantivs z. B. die Endungen *-ulus/-a/-um, -ellus/-a/-um, -ellulus/-a/-um* oder *-culus/-a/-um* gehängt werden (wie im Deutschen „-chen" oder „-lein").

3. Sind die Aussagen zur indirekten Frage richtig oder falsch? Kreuze an.

	richtig	*falsch*
a) In indirekten Fragen steht das Prädikat im Indikativ.	☐	☐
b Steht im Hauptsatz Präsens, Futur I oder II, so folgt in der indirekten Frage bei Gleichzeitigkeit Konj. Präsens, bei Vorzeitigkeit Konj. Perfekt.	☐	☐
c) In indirekten Fragen steht unabhängig vom Prädikat des Hauptsatzes immer Konj. Präsens. Die **Consecutio temporum** gilt nicht.	☐	☐
d) Indirekte Satzfragen werden eingeleitet mit *num, -ne, an* – ob.	☐	☐

4. Suche indirekte Fragen im Text. Analysiere das Zeitverhältnis zum jeweiligen Hauptsatz.

5. a) Ergänze den Lückentext zum **verschränkten Relativsatz**.

Ist ein Relativsatz mit einem ❶ ____________________ verknüpft, spricht man von einem verschränkten Relativsatz. Im Deutschen musst du diese Konstruktion umschreiben mit:

- einem Relativsatz,
- einem ❷ ____________________,
- einem ❸ ____________________ oder mit
- einem präpositionalen Ausdruck.

b) Übersetze die beiden Sätze. Welche Übersetzungsarten aus Aufgabe 5 a) sind möglich?

❶ *Nempe tu hanc dicis, quam esse aiebas popularem meam?*
❷ *Estne hic vidulus, in quo cistellam tuam inesse aiebas?*

6. Welche Gliedsatzart liegt in diesem Satz vor? Gibt es einen Hinweis im Hauptsatz? Übersetze.

Quid melius est, quam ut hinc intro abeam et me suspendam?

7. Lest den Ausschnitt aus der Komödie mit verteilten Rollen.

ISBN 978-3-12-667011-1

Rhetorische Stilmittel

In der lateinischen Literatur werden rhetorische Stilmittel eingesetzt, um etwas zu betonen oder um beim Lesen eine bestimmte Wirkung hervorzurufen.

1. Lies die Erklärung der rhetorischen Stilmittel und unterstreiche sie in den Beispielsätzen.

Häufig verwendete Stilmittel sind:

- **Alliteration:** gleicher Anfangsbuchstabe von aufeinanderfolgenden Wörtern
  ❶ *Ergo eat et blandis peraretur littera verbis.* – Ein Brief möge also hingehen und in schmeichelnden Worten geschrieben werden. *(Ovid, Ars amatoria 1, 455 f.)*
- **Anapher:** gleicher Satz- oder Wortanfang
  ❷ *Cera vadum temptet, rasis infusa tabellis: Cera tuae primum conscia mentis eat.* – Wachs, in geglättete Täfelchen gegossen, soll das unbekannte Gewässer untersuchen: Ein Wachstäfelchen soll zuerst als Mitwisser deiner Gefühle hingehen. *(Ovid, Ars amatoria 1, 437 f.)*
- **Asyndeton:** Reihung gleichwertiger Elemente ohne Konjunktionen (Gegenteil: **Polysyndeton**)
  ❸ *Puella festinat, differt, audet, trepidat.* – Das Mädchen beeilt sich, es verzögert, es wagt, es schwankt. *(Apuleius, Metamorphoses 4, 21)*
- **Chiasmus:** Überkreuzstellung von parallelen Satzgliedern
  ❹ *Erus advenit peregre,* Der Herr ist aus der Fremde angekommen,
  periit Tranio. – Tranio ist verloren. *(Plautus, Mostellaria II, 1, 353)*
- **Figura etymologica:** aufeinanderfolgende Wörter aus derselben Wortfamilie
  ❺ *Curro curriculo domum.* – Ich eile eilends nach Hause.
- **Hyperbaton:** getrennte Stellung von Zusammengehörendem
  ❻ *Blandis peraretur littera verbis.* – Ein Brief möge in schmeichelnden Worten geschrieben werden. *(Ovid, Ars amatoria 1, 455)*
- **Metapher:** Ersatz durch einen bildhaften Ausdruck
  ❼ *Maeroris montem ad portum modo conspicatus sum.* – Ich habe eben am Hafen einen Berg von Trauer gesehen. *(Plautus, Mostellaria II, 1, 352)*
- **Parallelismus**: symmetrische Satzstellung paralleler Satzglieder
  ❽ *Lesbia mi dicit semper male nec tacet umquam de me.* – Lesbia spricht immer schlecht über mich und spricht ständig über mich. *(Catull, Carmina 92, 1 f.)*
- **Polysyndeton:** mehrfach verbundene Reihung, (zu) viele Konjunktionen (Gegenteil: **Asyndeton**)
  ❾ *Petit Gemellus nuptias Maronillae et cupit et instat et precatur et donat.* – Gemellus wünscht die Ehe mit Maronilla, er begehrt und bedrängt und bittet und beschenkt (sie). *(Martial, Epigrammata 1, 10, 1 f.)*

2. Welche rhetorischen Stilmittel kannst du in den folgenden Sätzen entdecken? Übersetze.

❶ *Iuppiter supremus summis opibus me perire cupit.*
❷ *Quis id ait? Quis vidit illum?*
❸ *Mensa lauta est dapibusque instructa superbis.*
❹ *Dolor corporis aut infirmitas valetudinis meae prohibuit me ad ludos venire.*
❺ *O Venus venusta!*

3 **mensa, -ae** f – Tisch, 3 **lautus, -a, -um** – ansehnlich, 5 **daps, dapis** f – Speise, 5 **venustus, -a, -um** – voller Schönheit (*wörtl.* voller Venus)

ISBN 978-3-12-667011-1

Gaius Iulius Caesar: De bello Gallico

Gaius Iulius Caesar (13.7.100–15.3.44 v. Chr.) stammt aus der alten patrizischen Familie der *Iulii*. Er bekleidet mehrere hohe Ämter (u. a. 59 v. Chr. Konsul). 58–51 v. Chr. erobert Caesar ganz Gallien. In dieser Zeit unternimmt er auch zwei Feldzüge nach Germanien und zwei Expeditionen nach Britannien. Über den gallischen Krieg schreibt er in sieben Büchern, die im knappen, präzisen Stil eines amtlichen Tätigkeitsberichtes *(commentarii)* gehalten sind: *Commentarii de bello Gallico.* 44 v. Chr. fällt Caesar in Rom einer Verschwörung zum Opfer und wird ermordet.

Grammatik: Ablativus absolutus, Gerundiv

Die Rheinbrücke

Die Eroberung Galliens machte die Römer zu direkten Nachbarn der Germanen, was zu ständigen Konflikten führte: Immer wieder kam es zu Übergriffen der Germanen. Im Gegenzug führte Caesar 55 v. Chr. eine Strafexpedition gegen diese durch, bei der er in spektakulärer Weise eine Rheinbrücke (heute zwischen Andernach und Koblenz) errichten ließ. Dennoch kam es nicht zu einer ständigen rechtsrheinischen Präsenz der Römer, der Rhein blieb letztlich die Grenze.

Germanico bello confecto multis de causis Caesar statuit sibi Rhenum esse transeundum. Quarum haec fuit iustissima: Cum videret Germanos tam facile in Galliam venisse, eos suis rebus timere voluit, cum intellegerent et posse et audere populi Romani exercitum Rhenum transire.

Accessit etiam, quod pars hostium se trans Rhenum in fines Sugambrorum receperat seque cum iis coniunxerat. Ad eos Caesar nuntios misit. Hostes autem responderunt: „Populi Romani imperium Rhenus finit. Si Caesar se invito Germanos in Galliam transire non aequum existimet, cur sui quicquam imperii esse trans Rhenum postulat?"

Ubii autem legatis ad Caesarem missis, cum uni ex Transrhenanis cum Romanis amicitiam fecissent et obsides dedissent, auxilium petiverunt, quod graviter ab Suebis premebantur. Navium magnam copiam ad transportandum exercitum Romanum pollicebantur.

Sed Caesar neque satis tutum esse navibus transire arbitrabatur neque suae neque populi Romani dignitatis esse statuebat. Itaque hoc eodem die pontem facere constitit. Etsi summa difficultas faciendi pontis proponebatur propter latitudinem, rapiditatem altitudinemque fluminis, tamen id sibi contendendum esse existimabat. Diebus decem omni opere effecto exercitus traducitur.

(nach Caesar, De bello Gallico IV, 16–18)

---

1 **Germanicus, -a, -um** – germanisch, 1 **Rhenus, -i** m – Rhein, 4 **Sugambri, -orum** m – Sugambrer *(germ. Volk zwischen Ruhr und Lippe)*, 6 **finire** – begrenzen, 7 **quisquam** m/f, **quicquam** n – irgendeiner, irgendetwas, 8 **Ubii, -orum** m – Ubier *(germ. Volk am rechten Rheinufer)*, 8 **legatus, -i** m – Gesandter, 8 **Transrhenani, -orum** m – Stämme, die jenseits des Rheins wohnen, 9 **obses, -idis** m – Geisel, 9 **premere** – *hier:* bedrängen, 9 **Suebi, -orum** m – Sueben *(germ. Volk, heute: Süddeutschland)*, 11 **non suae dignitatis esse** – unter seiner Würde sein, 13 **rapiditas, -atis** f – reißende Strömung

1. Welche Kasusfunktionen liegen bei den folgenden Ausdrücken vor? Übersetze.

suis rebus timere – quicquam imperii – navibus transire – diebus decem efficere

ISBN 978-3-12-667011-1

2. Ergänze den Lückentext zum **Ablativus absolutus**.

Bezieht sich ein Partizip auf ein Substantiv oder Pronomen im ❶ ________________________, das keine Satzgliedfunktion hat, nennt man diese Konstruktion **Ablativus absolutus**. Er steht für einen ❷ ________________________satz. In der Übersetzung wird das Partizip zum ❸ ________________ des Gliedsatzes, das Bezugswort im Ablativ zum ❹ ________________________________. Die Partizipien bezeichnen das **Zeitverhältnis** zum Prädikat: Ein Partizip Präsens Aktiv (PPA) steht für die ❺ ________________________, ein Partizip Perfekt Passiv (PPP) für die ❻ ______________________.

Übersetze den Abl. abs. im ersten Versuch am besten mit einem Temporalsatz („nachdem", „während"). Das **logische** oder **gedankliche Verhältnis** zum Prädikat kann jedoch nicht nur zeitlich (temporal, „während", „als", „nachdem") sein, sondern auch ❼ ________________________ (Grund, „weil", „da"), ❽ ________________________ (Gegengrund, ❾ ________________________) oder ❿ ________________ ______ (Mittel, „indem", „dadurch", „dass").

Anstatt eines Partizips kann beim Abl. abs. auch ein ⓫ ________________________ stehen (nominaler Abl. abs., z. B. *me invito* – gegen meinen Willen, *Caesare duce* – unter Caesars Führung, *Cicerone consule* – unter dem Konsulat Ciceros, *Hannibale vivo* – zu Lebzeiten Hannibals).

3. a) Unterstreiche die **Ablativi absoluti** im Text und übersetze sie auf verschiedene Weise.
   b) Findest du auch einen nominalen Abl. abs.?

Tipp: Den Abl. abs. kannst du mit einem Adverbialsatz (1), einem Hauptsatz, ggf. mit Konjunktion oder Adverb, das die Sinnrichtung ausdrückt (2), oder einem präpositionalen Ausdruck (3) übersetzen.
Ponte facto Caesar exercitum transduxit. –
(1) **Nachdem** die Brücke gebaut worden war, führte Caesar das Heer hinüber.
(2) Die Brücke war gebaut worden; **danach** führte Caesar das Heer hinüber.
(3) **Nach** dem Bau der Brücke führte Caesar das Heer hinüber.

4. a) Welche Aussagen zum Gerundiv sind richtig, welche falsch? Kreuze an.

	richtig	*falsch*
❶ Das Gerundiv wird in allen Konjugationen mit dem Präsensstamm, *-nd-* und den Endungen der a-/o-Deklination gebildet.	☐	☐
❷ In der i-, gem. und kons. Konjugation wird zusätzlich der Bindevokal *-e-* eingefügt.	☐	☐
❸ Das Gerundiv steht in KNG-Kongruenz zu seinem Bezugswort.	☐	☐
❹ Das Gerundiv bildet nur Formen im Neutrum Singular.	☐	☐
❺ Mit einer Form von *esse* drückt das Gerundiv eine Notwendigkeit aus.	☐	☐
❻ Die handelnde Person steht beim Gerundiv im Nominativ.	☐	☐

b) Übersetze die Beispielsätze mit Gerundiv.

❶ *Caesar dixit: „Rhenus mihi transeundus est."*
❷ *Milites omnia, quae ad faciendum pontem necessaria sunt, apportant.*
❸ *Caesar pontem faciendum curavit.*

5. Suche im Text alle Gerundiva heraus, bestimme ihre Formen und unterstreiche das Bezugswort.

ISBN 978-3-12-667011-1

Gaius Iulius Caesar: De bello Gallico

Gaius Iulius Caesar (13.7.100–15.3.44 v. Chr.) stammt aus der alten patrizischen Familie der *Iulii*. Er bekleidet mehrere hohe Ämter (u. a. 59 v. Chr. Konsul). 58–51 v. Chr. erobert Caesar ganz Gallien. Über den gallischen Krieg schreibt er in sieben Büchern, die im knappen, präzisen Stil eines amtlichen Tätigkeitsberichtes *(commentarii)* gehalten sind: *Commentarii de bello Gallico*. 44 v. Chr. fällt Caesar in Rom einer Verschwörung zum Opfer und wird ermordet.

Grammatik: Ablativus absolutus, Relativsätze

Eroberung einer Stadt

Vercingetorix, um den sich der gallische Widerstand gegen die Römer schart, belagert gerade die Stadt Gorgobina, als Caesar in das Land der Biturigen kommt.

Vercingetorix, ubi de Caesaris adventu cognovit, oppugnatione desistit atque obviam Caesari proficiscitur. Ille oppidum Biturigum positum in via Noviodunum oppugnare instituerat. Eo ex oppido cum legati ad eum venissent, arma conferri, equos produci, obsides dari iubet. Postquam milites parte iam obsidum tradita intromissi sunt, qui arma iumentaque conquirerent, equitatus hostium procul visus est, qui agmen Vercingetorigis antecesserat. Quem simulatque oppidani conspexerunt atque in spem auxilii venerunt, clamore sublato arma capere, portas claudere, murum complere coeperunt. Milites in oppido cum ex significatione eorum Gallos consilium novum cepisse intellexissent, gladiis destrictis portas occupaverunt suosque omnes incolumes receperunt.

Caesar ex castris equitatum educi iubet, proelium equestre committit: Laborantibus iam suis Germanos equites circiter CCCC summittit, quos ab initio habere secum instituerat. Eorum impetum Galli sustinere non potuerunt, in fugam coniecti sunt atque multis amissis se ad agmen receperunt. Quibus profligatis rursus oppidani perterriti sese Caesari dediderunt.

(Caesar, De bello Gallico 7, 12 f.)

---

1 **ubi** – sobald, 1 **obviam** *Adv.* – entgegen, 2 **Bituriges, -um** m – Biturigen *(kelt. Volk südl. der Loire)*, 2 **Noviodunum, -i** n – Noviodunum *(Stadt der Biturigen südöstl. von Orleans, heute: Nouan)*, 3 **equos producere** – Pferde zur Abgabe zusammenführen/abliefern, 3 **obses, -idis** m – Geisel, 4 **intromittere, -mitto, -misi, -missum** – hineinschicken, 4 **iumentum, -i** n – Zugvieh, 4 **conquirere** – zusammensuchen, -bringen, 4 **equitatus, -us** m – Reiterei, 5 **simulatque** – sobald, 5 **oppidanus, -i** m – Stadtbewohner, 7 **complere** – *hier:* besetzen, 7 **significatio, -onis** f – *hier:* Verhalten, 8 **incolumis, -e** – unversehrt, heil, 11 **CCCC** – 400, 11 **summittere** – zu Hilfe schicken, 13 **profligare** – verjagen

1. Lies den Text und achte dabei besonders auf die Prädikate in den Hauptsätzen. Schreibe sie heraus und bestimme ihre Formen. Was fällt dir bezüglich der Verwendung der Tempora auf?

2. a) Ergänze den Lückentext zum Thema Relativsätze.

Ein Relativpronomen ist in Numerus und Genus kongruent zu seinem ❶ ____________________, der Kasus richtet sich nach der ❷ ______________________________ des Relativpronomens. Das Prädikat eines Relativsatzes steht meistens im Modus ❸ ______________________________. Steht es im Modus ❹ ______________________, so bekommt der Relativsatz einen besonderen Nebensinn. Dieser kann kausal, ❺ ______________________, ❻ ______________________

ISBN 978-3-12-667011-1

oder ❼ ______________________________ sein. Steht ein Relativpronomen am Satzanfang und hat sein Bezugswort im vorangehenden Satz, wird dies ❽ ____ genannt.

b) Übersetze die Beispielsätze. Welcher Nebensinn liegt vor?

❶ *Legati ad Caesarem missi sunt, qui de pace agerent.*
❷ *Oppidani, qui equitatum Vercingetorigis viderent, in spem auxilii venerunt.*
❸ *Sunt, qui Gallos fortiores Romanis esse putent.*

3. a) Bestimme die Formen der Relativpronomina im Text. Leitet jedes Relativpronomen einen Gliedsatz ein? Nenne auch das Bezugswort.
b) Welcher Modus wird jeweils verwendet? Welche Funktion hat der Konjunktiv im Relativsatz? Bestimme auch das Zeitverhältnis und übersetze.

4. Welche Aussagen zum **Ablativus absolutus** sind richtig, welche falsch? Kreuze an.

	richtig	*falsch*
a) Der Abl. abs. besteht gewöhnlich aus einem Partizip und einem Nomen im Ablativ.	☐	☐
b) Manchmal besteht der Abl. abs. auch aus zwei Nomina.	☐	☐
c) Das Bezugswort des Partizips im Abl. abs. hat die Satzgliedfunktion eines Ablativobjekts.	☐	☐
d) PPP und PPA stehen für die Gleichzeitigkeit.	☐	☐
e) Der Abl. abs. steht für einen verkürzten Gliedsatz.	☐	☐
f) In der Übersetzung wird das Partizip zum Prädikat, das Bezugswort zum Subjekt des (Glied-)Satzes.	☐	☐

5. a) Nenne alle **Ablativi absoluti** im Text, bestimme die Form des Partizips sowie das zeitliche und logische Verhältnis zum Hauptsatz.
b) Welche anderen Partizipkonstruktionen kannst du erkennen?

6. AcI oder Infinitiv? Bestimme und übersetze.

a) *Caesar arma conferri, equos produci, obsides dari iussit.*
b) *Oppidani arma capere, portas claudere, murum complere coeperunt.*
c) *Milites Gallos consilium novum cepisse intellexerunt.*

7. Stelle die folgenden Sätze nach der Einrückmethode dar.

a) *Postquam milites parte iam obsidum tradita intromissi sunt, qui arma iumentaque conquirerent, equitatus hostium procul visus est, qui agmen Vercingetorigis antecesserat.*
b) *Milites in oppido, cum ex significatione eorum Gallos consilium novum cepisse intellexissent, gladiis destrictis portas occupaverunt suosque omnes incolumes receperunt.*

ISBN 978-3-12-667011-1

Augustus: Res gestae

C. Iulius Caesar Octavianus (63 v. Chr.–14 n. Chr.) wird als Großneffe Caesars als dessen Erbe eingesetzt. Nach Caesars Tod spielt sich jedoch der Konsul Marcus Antonius zu dessen Nachfolger auf, was erneut für Bürgerkrieg sorgt. Oktavian nimmt im Auftrag des Senats an der Schlacht gegen Antonius bei Mutina teil, der dort besiegt wird. Oktavian erzwingt mit Waffengewalt durch einen Marsch auf Rom das Konsulat für sich, lässt die Caesarmörder verurteilen und ächten. Er schließt mit dem ursprünglichen Gegner M. Antonius und mit M. Aemilius Lepidus ein sogenanntes Triumvirat, sie teilen sich die Herrschaft über das Reich. Mithilfe von Proskriptionen (Ächtungslisten, mit Namen von „Feinden" entledigen sie sich ihrer Gegner (darunter auch Cicero). In der Doppelschlacht bei Philippi werden die Attentäter Caesars von Antonius und Oktavian, der sich ohne die Hilfe des Antonius hätte geschlagen geben müssen, besiegt.
Nach Jahren der Auseinandersetzung mit Antonius siegt Oktavian über diesen 31 v. Chr. und beginnt mit einer Neuordnung des Staates – das Ende des fast 100 Jahre dauernden Bürgerkriegs wird eingeläutet: die *pax Augusta*. Äußerlich bleibt die röm. Republik (mit Magistraten und Senat) erhalten, er nennt sich *princeps*, „erster Bürger". Oktavian belebt altrömische Traditionen und Werte, fördert Künstler und Schriftsteller (ebenso sein Freund Maecenas), die seine politischen Vorstellungen unterstützen (z. B. Livius, Vergil). Durch große Bauvorhaben sinkt die Arbeitslosigkeit, die Reichsgrenzen werden gesichert. 27 v. Chr. wird ihm der Ehrentitel *Augustus*, „der Erhabene" verliehen. In den *Res gestae* („Taten") legt Augustus seinen politischen Rechenschaftsbericht ab.

Grammatik: Partizipialkonstruktionen, Gerundiv

Politische Propaganda

Annos undeviginti natus exercitum privato consilio et privata impensa comparavi, per quem rem publicam a dominatione factionis oppressam in libertatem vindicavi. Eo nomine senatus decretis honorificis in ordinem suum me adlegit C. Pansa et A. Hirtio consulibus, consularem locum sententiae dicendae tribuit et imperium mihi dedit. Res publica ne quid detrimenti caperet, me simul cum consulibus providere iussit. Populus autem eodem anno me consulem, cum consul uterque bello cecidisset, et triumvirum ad rem publicam constituendam creavit.
Qui parentem meum trucidaverunt, eos in exilium expuli iudiciis legitimis ultus eorum facinus et postea bellum inferentes rei publicae vici bis acie.
Bella terra et mari civilia externaque toto in orbe terrarum saepe gessi victorque omnibus veniam petentibus civibus peperci. Externas gentes, quibus tuto ignosci potuit, conservare quam excidere malui. Milia civium Romanorum sub sacramento meo fuerunt circiter quingenta. Ex quibus deduxi in colonias aut remisi in municipia sua stipendiis emeritis milia aliquanto plura quam trecenta; et iis omnibus agros adsignavi aut pecuniam pro praemiis militiae dedi. Praeterea naves cepi sescentas. Bis ovans triumphavi, tris egi curules triumphos et appellatus sum viciens et semel imperator. Cum plures triumphos mihi senatus decrevisset, tamen iis supersedi.

(Augustus, Res gestae 1–4)

1 **undeviginti** – 19, 1 **annos … natus** – … (Jahre) alt, …-jährig, 1 **privato consilio** – auf eigene Faust, 1 **impensa, -ae** f – Aufwand, Kosten, 1 **comparare** – *hier:* aufstellen, 2 **dominatio, -onis** f – Gewaltherrschaft, 2 **factio, -onis** f – politische Gruppierung *(hier sind die Anhänger des Antonius gemeint, die Oktavian in der Schlacht von Mutina 43 v. Ch. besiegte)*, 2 **vindicare** – retten, 2 **eo nomine** – deswegen, 3 **C. Pansa et A. Hirtio consulibus** – *die Angabe der Konsuln entspricht dem Jahr 43 v. Chr.*, 3 **consularis locus** – Rang eines Konsuls, 4 **sententiam dicere** – abstimmen *(im Senat)*, 4 **imperium, -ii** n – militärische Befehlsgewalt, 4 **res publica ne quid detrimenti caperet** – *offizielle Formel, den Notstand auszurufen, wodurch die Konsuln wegen des Bürgerkriegs außerordentliche Vollmachten erhielten*, 5 **simul cum** + *Abl.* – zusammen/zugleich mit,

ISBN 978-3-12-667011-1

6 **triumvir, -i** m – Triumvir *(Triumvirat mit Antonius und Lepidus, wodurch konsularische Vollmachten übertragen wurden)*, 6 **constituere** – *hier:* neu ordnen, 7 **parens, -entis** m – Vater, 7 **trucidare** – grausam ermorden, niedermetzeln, 8 **bellum inferre alicui** – gegen jemanden einen Krieg beginnen, 8 **bis** – zweimal, 10 **tuto** – ohne Bedenken, 11 **milia quingenta** – 500.000, 11 **sacramentum, -i** n – *hier:* Fahneneid, 12 **in colonias deducere** – in Kolonien ansiedeln, 12 **municipium, -i** n – Stadt *(mit röm. Bürgerrecht)*, 12 **stipendium, -i** n – Kriegsdienst, 12 **emerere, emereo, emerui, emeritus** – ableisten, abdienen, 12 **milia trecenta** – 300.000, 13 **adsignare, -signo, -signavi, -signatum** – zuweisen, 14 **sescenti, -ae, -a** – 600, 14 **ovans triumphare** – den kleinen Triumph feiern *(Festzug mit einer ovatio, einem Schafsopfer für Jupiter auf dem Kapitol)*, 14 **tris** – dreimal, 14 **curulis triumphus, -is -i** m – kurulischer Triumph *(im Wagen und ohne ovatio)*, 14 **viciens et semel** – 21-mal, 15 **decernere, -cerno, -crevi, -cretum** – *hier:* zuerkennen, 15 **supersedere, -sedeo, -sedi** + *Dat.* – *hier:* zurückweisen, ablehnen

1. Welche Kasusfunktion liegt bei den unterstrichenen Wörtern vor? Bestimme und übersetze.

privato consilio et privata impensa exercitum comparare – ne quid detrimenti caperet – eodem anno – terra et mari – aliquanto plura quam millia trecenta

2. a) Welche Partizipialkonstruktionen gibt es? Ergänze hierzu den Lückentext.

Bezieht sich ein Partizip auf ein Substantiv oder Pronomen im Ablativ, das keine Satzgliedfunktion hat, nennt man diese Konstruktion ❶ ______________________. Er steht für einen ❷ ______________satz. In der Übersetzung wird das Partizip zum ❸ ______________ des Gliedsatzes, das Bezugswort im Ablativ zum ❹ ______________. Ein **Participium coniunctum** (PC) kann in ❺ ______________ Kasus vorkommen, es stimmt in Kasus, ❻ ______________ und ❼ ______________ mit seinem Bezugswort überein, das eine beliebige Funktion im Satz haben kann. Das PC ist ebenfalls eine satzwertige Konstruktion. Beachte bei der Übersetzung das Zeitverhältnis zum Prädikat: Ein als PC oder im Abl. abs. verwendetes Partizip Präsens Aktiv (PPA) steht dabei für die ❽ ______________, ein PPP für die ❾ ______________. Übersetze PC und Abl. abs. zunächst am besten mit einem Temporalsatz („während", „nachdem"). Das logische oder gedankliche Verhältnis zum Prädikat kann jedoch auch ❿ ______________ (Grund: „weil"), ⓫ ______________ (Gegengrund: ⓬ ______________) oder ⓭ ______________ (Mittel: „indem", „dadurch", „dass") sein.

b) PC oder Abl. abs.? Übersetze die Beispielsätze. Bestimme auch das zeitliche und logische Verhältnis.

❶ *Exercitu comparato rem publicam liberavi.*
❷ *Senatus consularem locum sententiae dicendae mihi tribuens etiam imperium dedit.*
❸ *Pluribus triumphis mihi a senatu decretis tamen iis supersedi.*

c) *C. Pansa et A. Hirtio consulibus* – welche Sonderform des Abl. abs. liegt hier vor? Übersetze.

3. Welche Partizipialkonstruktionen werden im Text verwendet? Bestimme die Form des Partizips und nenne das Bezugswort. Welches zeitliche Verhältnis liegt vor und welches logische Verhältnis könnte passen?

ISBN 978-3-12-667011-1

4. Beantworte die folgenden Fragen zum Gerundiv.

   a) Wie wird das Gerundiv gebildet? Formuliere mit deinen eigenen Worten und nenne je ein Beispiel pro Konjugation.

   ____

   ____

   a-Konj. ______________ e-Konj. ______________

   i-Konj. ______________ kons. Konj. ______________

   gem. Konj. ______________

   b) In welchem Kasus kann das Gerundiv vorkommen?

   ____

   c) Woran ist sein Bezugswort zu erkennen?

   ____

5. Suche die im Text verwendeten Gerundiva. Werden sie als Attribute, Prädikative oder Prädikatsnomina verwendet? Übersetze.

Regeln für die Übersetzung des Gerundivs

- Ein **attributiv** verwendetes Gerundiv kann oft mit einem Adjektiv auf *-lich, -wert, -würdig* übersetzt werden. Ansonsten übersetze es mit einem Infinitiv oder präpositionalen Ausdruck. Ein attributives Gerundiv nach *ad* drückt einen Zweck aus *(um … zu).*
  bellum contemnendum gerere – einen verachtenswerten Krieg führen
  bellum ad libertatem defendendam gerere – einen Krieg zur Verteidigung der Freiheit führen/ … um die Freiheit zu verteidigen
- Ein **prädikativ** verwendetes Gerundiv (besonders bei den Verben *dare, tradere, mittere, curare*) drückt Zweck oder Absicht einer Handlung aus.
  pontem faciendum curare – eine Brücke bauen lassen
- Ein als **Prädikatsnomen** verwendetes Gerundiv mit einer Form von *esse* drückt eine Notwendigkeit aus. Übersetze mit *müssen* und Passiv. Wenn die Person, die etwas tun muss, genannt wird, dann im Dativ (auctoris).
  Bellum gerendum est. – Der Krieg muss geführt werden.
  Bellum Romanis gerendum est. – Die Römer müssen einen Krieg führen.

6. *Res publica ne quid detrimenti caperet …* – um welche Art von Gliedsatz handelt es sich hier? Bestimme die Form des Prädikats, dann auch das Zeitverhältnis zum Hauptsatz.

7. Informiere dich im Internet oder einem Lexikon über den *cursus honorum*, die Ämterlaufbahn, vor Augustus und zur Zeit des Augustus. Welche Aufgaben hatten die einzelnen Beamten?

8. a) Wie stellt sich Augustus dar? Was ist dein erster Eindruck?
   b) Vergleiche den Einführungstext mit der Darstellung bei Augustus. Was fällt dir auf?

ISBN 978-3-12-667011-1

Satzanalyse 2 – Satzstruktur aufschlüsseln

Um beim Übersetzen längerer Sätze nicht den Überblick zu verlieren, solltest du dir gezielt Strategien zurechtlegen. Hier ein paar Tipps, wie du Schritt für Schritt komplizierte Sätze aufschlüsseln kannst.

1. Lies zunächst den Satz bzw. den ganzen Text aufmerksam durch:
   - Achte dabei schon auf die Satzzeichen: Handelt es sich um einen Frage-, Aussage- oder Aufforderungssatz?
   - Unterstreiche die Satzkonnektoren, also Konjunktionen (z. B. *et, sed*), die zwei Hauptsätze miteinander verbinden, sowie Subjunktionen, die einen Gliedsatz einleiten (z. B. *postquam, cum*). Mache Gliedsätze z. B. durch Klammern kenntlich. Dadurch verschaffst du dir schon einmal einen ersten Eindruck von der Satzstruktur.
   - Achte zudem auf Relativpronomina: Handelt es sich um einen Relativsatz oder relativen Satzanschluss?

2. Nachdem du einen groben Überblick über die Struktur des Textes gewonnen hast, beginne mit dem Hauptsatz: Suche der Reihenfolge nach
   - das Prädikat,
   - das dazu passende Subjekt (Kongruenz!),
   - das Objekt (z. B. im Akkusativ oder in einem anderen Kasus, Infinitivkonstruktionen),
   - Prädikativa,
   - Adverbialia (z. B. Orts-, Zeitangaben, Partizipialkonstruktionen)

   und übersetze dann den Hauptsatz.

Tipp
Markiere die Satzglieder entweder mit unterschiedlichen Farben, Klammern oder Unterstreichungen. Wähle die Markierung, die dir am deutlichsten erscheint, z. B.:
Prädikat, Subjekt, Objekt, Prädikativum, Adverbiale
Milites gladiis destrictis portas occupaverunt suosque omnes incolumes receperunt. – Die Soldaten besetzten die Tore und zogen alle ihre Leute unversehrt zurück.

3. Gehe dann entsprechend bei den Gliedsätzen vor.

Analysiere die Struktur der folgenden Sätze wie oben beschrieben und übersetze sie.

1. *Vercingetorix, ubi de Caesaris adventu cognovit, oppugnatione desistit.*
2. *Caesar, cum videret Germanos tam facile in Galliam venisse, eos suis rebus timere voluit, cum intellegerent et posse et audere populi Romani exercitum Rhenum transire.*
3. *Ubii autem legatis ad Caesarem missis, cum uni ex Transrhenanis cum Romanis amicitiam fecissent et obsides dedissent, auxilium petiverunt, quod graviter ab Suebis premebantur.*
4. *Populus autem eodem anno me consulem, cum consul uterque bello cecidisset, et triumvirum ad rem publicam constituendam creavit.*

Vercingetorix, -igis m – *gall. Führer,* **ubi** – sobald, **Ubii, -orum** m – Ubier *(germ. Volk am rechten Rheinufer),* **legatus, -i** m – Gesandter, **Transrhenani, -orum** m – Stämme, die jenseits des Rheins wohnen, **obses, -idis** m – Geisel, **premere** – *hier:* bedrängen, **Suebi, -orum** m – Sueben *(germ. Volk, heute: Süddeutschland),* **triumvir, -i** m – Triumvir *(mit konsularischen Vollmachten)*

ISBN 978-3-12-667011-1

Aurelius Augustinus: Confessiones

Der aus Nordafrika stammende Aurelius Augustinus (354–430 n. Chr.) absolviert eine rhetorische Ausbildung in Karthago, wobei er mit Texten Ciceros in Berührung kommt und sich auch für die antike Philosophie begeistert. Er arbeitet zunächst in Karthago, später in Rom und Mailand als Rhetoriklehrer. Nach seiner Bekehrung zum Christentum 386 n. Chr. gibt er diesen Beruf auf und wird zum Priester geweiht, später zum Bischof von Hippo Regius (in Nordafrika). Neben zahlreichen anderen Werken schreibt Augustinus ab 397 n. Chr. die *Confessiones* („Bekenntnisse"), eine Autobiographie, in der er eine Art Lebensbeichte ablegt. Ab 413 verfasst er sein zweites Hauptwerk *De civitate dei* („Über den Gottesstaat").

Grammatik: Funktionen des Genitivs, Gerundium, Gerundivum

Ein einschneidendes Erlebnis

Tunc discebam libros eloquentiae, in qua eminere cupiebam per gaudia vanitatis humanae. Et usitato iam discendi ordine perveneram in librum cuiusdam Ciceronis, cuius linguam fere omnes mirantur, pectus non ita. Sed liber ille exhortationem continet ad philosophiam et vocatur „Hortensius". Ille vero liber mutavit affectum meum, et ad te ipsum, domine, mutavit preces meas et vota ac desideria mea fecit alia. Viluit mihi repente omnis vana spes et immortalitatem sapientiae concupiscebam aestu cordis incredibili et surgere coeperam, ut ad te redirem. Non enim ad acuendam linguam legebam illum librum neque mihi locutio, sed, quod loquebatur, persuaserat.

Quomodo ardebam, deus meus, quomodo ardebam revolare a terrenis ad te, et nesciebam quid ageres mecum! Apud te est enim sapientia. Amor autem sapientiae nomen graecum habet philosophiam, quo me accendebant illae litterae. Sunt, qui seducant per philosophiam magno et blando et honesto nomine colorantes errores suos. Et prope omnes philosophi, qui illo tempore et supra vivebant, notantur in eo libro et demonstrantur.

Manifestatur ibi salutifera illa admonitio spiritus tui per servum tuum bonum et pium: „Videte, ne quis vos decipiat per philosophiam secundum traditionem hominum, sed non secundum Christum, in quo inhabitat omnis plenitudo divinitatis."

Et ego illo tempore, scis tu, lumen cordis mei, quoniam nondum mihi haec apostolica nota erant, hoc tamen solo delectabar in illa exhortatione illius libri, quod, ut non illam aut illam sectam, sed ipsam sapientiam, quaecumque esset, diligerem et quarererem et adsequerer et tenerem atque amplexarer fortiter, excitabar sermone illo et accendebar et ardebam.

(nach Aurelius Augustinus, Confessiones III, 4, 7–8)

1 **eloquentia, -ae** f – Beredsamkeit, 1 **eminere** – herausragen, besonders gut sein, 1 **per gaudia** – *hier:* aus Lust/Vergnügen (an), 1 **vanitas, -atis** f – Eitelkeit, 2 **usitatus, -a, -um** – üblich, gewöhnlich, 2 **ordo, -inis** m – *hier:* Reihenfolge, Abfolge, 3 **pectus, -oris** n – *hier:* Gesinnung, 3 **exhortatio, -onis** f – Aufforderung, 3 **continere** – enthalten, 4 **affectus, -us** m – *hier:* Einstellung, 4 **mutare** – verwandeln, lenken (zu), 5 **votum, -i** n – Wunsch, 5 **desiderium, i** n – Sehnsucht, 5 **vilescere, vilesco, vilui** – wertlos werden, 6 **concupiscere** – begehren, verlangen, 7 **acuere** – schärfen, üben, 7 **locutio, -onis** f – Ausdrucksweise, 9 **terrena, -orum** n Pl. – Irdisches, Erde, 10 **agere** – *hier:* vorhaben, 11 **accendere** – anzünden, entflammen, 11 **seducere** – verführen, 14 **salutifer, -a, -um** – heilsam, 14 **servus** – *gemeint ist der Apostel Paulus; es folgt ein Zitat aus dem Brief an die Kolosser 2, 3–8,* 16 **plenitudo, -inis** f – Fülle, 17 **lumen, -inis** n – Licht, 17 **apostolicus, -a, -um** – apostolisch, Apostel-; *ergänze* verba, 18 **secta, -ae** f – Philosophenschule, 20 **sermo, -onis** m – *hier:* Lehrschrift *(in Dialogform)*

ISBN 978-3-12-667011-1

1. a) Ergänze den Text zu den Genitivfunktionen.

Der Genitiv bezeichnet einen Zugehörigkeitsbereich (Frage: „wessen?").
Der **Genitivus** ❶ ______________________ bezeichnet das Subjekt einer Handlung oder Empfindung; die Sache oder Person, auf die sich die Handlung richtet, steht im **Genitivus** ❷ ______________________. Der **Genitivus possessivus** bezeichnet den ❸ ______________________. Die Gesamtheit, von der ein bestimmter Teil genannt wird, bezeichnet der **Genitivus** ❹ ______________________.

b) Welche Genitivfunktion liegt vor? Übersetze die Ausdrücke.

gaudium vanitatis humanae – immortalitas sapientiae – amor sapientiae – lumen cordis mei

2. a) Trage die fehlenden Begriffe in der Tabelle zu Gerundium und Gerundivum ein.

	Gerundium	**Gerundivum**
Wie wird es gebildet?	Präsensstamm + ____________ + Endungen der ________-Dekl.	Präsensstamm + ____________ + Endungen der ________-Dekl.
Welche Formen kommen vor?		
Welche Funktion hat es?	Verbal____________ (substantivierter ____________)	Verbal____________
Hat es ein Bezugswort?		
Kann es ein Objekt haben?		

b) Welche **nd**-Formen werden im Text verwendet? Analysiere und übersetze sie.

3. Welche Art von **ut**-Satz liegt jeweils vor? Bestimme und übersetze.

a) *Surgere coeperam, ut ad te redirem.*
b) *Excitabar sermone illo et accendebar, ut non illam aut illam sectam, sed ipsam sapientiam diligerem.*

4. *Sunt, qui seducant per philosophiam.* – Erkläre den Modus im Relativsatz.

5. Stelle den letzten Satz nach der Einrückmethode dar. Welche Gliedsatzarten kannst du entdecken?

6. Von Ciceros Schrift Hortensius sind nur wenige Fragmente überliefert. Was hat sie laut Augustinus behandelt?

7. Beschreibe mit eigenen Worten, was durch die Lektüre dieses Werkes mit Augustinus geschieht. Wie sieht er dieses Erlebnis im Zusammenhang mit seiner Bekehrung? Wie beurteilt er die Philosophie nun im Rückblick?

ISBN 978-3-12-667011-1

Iacobus de Voragine: Legenda aurea

Iacobus de Voragine (um 1230–1298 n. Chr.) tritt 1244 in den Dominikanerorden ein. Er soll in Bologna und Paris studiert haben; als Redner und Prediger wird er bekannt. 1252 wird er Professor für Theologie, 1286 zum Erzbischof von Genua gewählt. Neben anderen christlichen Schriften verfasst er eine Legendensammlung über die Heiligen, die *Legenda sanctorum* oder *Legenda aurea*, die ihn berühmt werden lässt.

Grammatik: indirekte Rede, Partizipialkonstruktionen

Der heilige Nikolaus

Nicolaus, civis Patarae urbis, ex divitibus et sanctis parentibus originem duxit. Parentibus vero suis defunctis cogitare coepit, qualiter tantam divitiarum copiam non ad laudem humanam, sed ad Dei gloriam dispensaret.

Tunc quidam vicinus suus nobilis tres filias ob inopiam prostituere cogebatur, ut sic earum commercio aleretur. Quod ubi sanctus comperit, a scelere abhorruit et massam auri panno involutam in domum eius per fenestram nocte clam iecit et clam recessit. Mane autem surgens homo massam auri repperit, Deo gratiam egit et primogenitae nuptias celebravit.

Non multo post tempore Dei famulus simile peregit opus. Quod rursus ille reperiens laudes immensas prorupit, sed de cetero vigilare proposuit, ut sciret, quis esset, qui suae inopiae subvenisset. Post paucos dies Nicolaus duplicatam auri massam in domum proiecit, ad cuius sonitum ille excitatur et Nicolaum fugientem insequitur alloquiturque: „Siste gradum! Ne te aspectui subtraxeris meo!“ Sicque accurrens velocius Nicolaum hunc esse cognovit. Mox humi prostratus osculari volebat pedes eius. Quod Nicolaus refutans ab eo exegit, ne eum, quamdiu viveret, publicaret.

Post hoc Myreae civitatis defuncto episcopo convenerunt episcopi, ut illi ecclesiae de episcopo providerent. Erat autem inter eos quidam magnae auctoritatis episcopus, qui nocte illa vocem audivit dicentem sibi, ut hora matutina fores ecclesiae observaret et eum, qui primus ad ecclesiam, cuius nomen esset Nicolaus, veniret, in episcopum consecraret. Hoc ergo aliis revelavit episcopis et ipse pro foribus excubuit. Mirum in modum in hora matutinali quasi a Deo missus ante omnes ad ecclesiam venit Nicolaus. Illum episcopus interrogavit: „Quod tibi nomen est?“ „Nicolaus“, inquit, „vestrae sanctitatis servus.“ Eum plurimum renitentem tamen in ecclesiam duxerunt et in cathedram collocaverunt. Nicolaus autem eandem quam prius humilitatem in omnibus sectabatur.

(nach Iacobus de Voragine, Legenda aurea, Historia Sancti Nicolai)

1 **Patara, -ae** f – Patara *(Stadt in Lykien, heute: Türkei)*, 1 **defungi, -fungor, -functus sum** – sterben, 2 **qualiter** – wie, auf welche Weise, 3 **dispensare** – ausgeben, 4 **prostituere** – prostituieren, 5 **commercium, -i** n – Gewerbe, 5 **aleretur** – *Passiv hier reflexiv übersetzen*, 5 **massa, -ae** f – Klumpen, 5 **pannus, -i** m – Tuch, 6 **fenestra, -ae** f – Fenster, 7 **primogenita, -ae** f – die älteste Tochter, 8 **famulus , -i** m – Diener, 8 **laudes prorumpere** – in Lob ausbrechen, 9 **de cetero** – für die Zukunft, in Zukunft, 10 **duplicatus, -a, -um** – verdoppelt, doppel so groß, 11 **sonitus, -us** m – Geräusch, *hier:* Aufprall, 11 **excitari** – aufwachen, 12 **sic** – *hier:* sodann, 12 **humi prosterni** – sich auf den Boden werfen, 13 **refutare** – abwehren, 13 **exigere ab aliquo** – von jemandem verlangen, 15 **Myreus, -a, -um** – aus/von Myra, 15 **episcopus, -i** m – Bischof, 15 **ecclesia, -ae** f – Kirche, 17 **matutinus, -a, -um** – morgendlich, der Matutin *(Morgengebet der Mönche)*, 17 **fores, -ium** f Pl. – Tür, 18 **in episcopum consecrare** – zum Bischof weihen, 18 **revelare** – offenbaren, 19 **excubare, -cubo, -cubui** – draußen liegen, Wache halten, 19 **matutinalis, -e** – die Matutin, 21 **sanctitas, -atis** f – Heiligkeit, 21 **reniti** – sich sträuben, sich widersetzen, 22 **cathedra, -ae** f – Bischofsstuhl, -sitz, 23 **sectari** – *hier:* zeigen

ISBN 978-3-12-667011-1

1. Bestimme in den folgenden Ausdrücken die Kasusfunktionen und übersetze.

   divitiarum copia – commercio alitur – multo post tempore – episcopus magnae auctoritatis – in hora matutinali

2. a) Lies die Regeln zur indirekten Rede und übersetze die Beispielsätze.

   Aussagesätze der direkten Rede werden in der indirekten Rede immer mit dem **AcI** wiedergegeben.

   ❶ *(Iacobus narrat) Nicolaum ex divitibus et sanctis parentibus originem duxisse.*

   Aufforderungen der direkten Rede werden in der indirekten Rede mit dem **Konjunktiv** wiedergegeben. Verneint werden sie mit **ne**.

   ❷ *(Vox dixit) Episcopus hora matutina fores ecclesiae observaret.*

   ❸ *(Nicolaus dixit) Vicinus ne de auro loqueretur.*

   In indirekten **Fragesätzen** steht immer der **Konjunktiv**.

   ❹ *Nicolaus cogitat, qualiter vicinum adiuvet.*

   ❺ *Vicinus cogitavit, quis esset, qui sibi adfuisset.*

   b) Ergänze den Lückentext zur Zeitenfolge.

   Das Prädikat in konjunktivischen Gliedsätzen richtet sich nach der Zeitenfolge **(Consecutio temporum)**. Steht im Hauptsatz Präsens, Futur I oder II, folgt in der indirekten Rede bei Gleichzeitigkeit ❶ ____________________, bei Vorzeitigkeit ❷ ____________________.

   Steht im Hauptsatz ein Vergangenheitstempus, so folgt bei Gleichzeitigkeit ❸ ____________________, bei Vorzeitigkeit ❹ ____________________.

3. Suche im Text alle Sätze mit indirekter Rede heraus, bestimme die Satzart (Aussage-, Aufforderungs- oder Fragesatz) und übersetze.

4. a) Welche Aussagen zu Partizipialkonstruktionen sind richtig, welche falsch? Kreuze an.

	richtig	*falsch*
❶ Der Abl. abs. besteht gewöhnlich aus einem Partizip und einem Nomen im Ablativ.	☐	☐
❷ Das PC kommt in allen Kasus außer dem Ablativ vor.	☐	☐
❸ Das Bezugswort des Partizips im Abl. abs. hat die Satzgliedfunktion eines Ablativobjekts.	☐	☐
❹ Das attributive Partizip kann mit einem Relativsatz übersetzt werden.	☐	☐
❺ In der Übersetzung wird das Partizip zum Prädikat, das Bezugswort zum Subjekt des (Glied-)Satzes.	☐	☐
❻ PPP und PPA stehen für die Gleichzeitigkeit.	☐	☐

   b) Welche Partizipialkonstruktionen werden im Text verwendet? Bestimme die Formen der Partizipien und das zeitliche Verhältnis zum übergeordneten Satz und übersetze.

5. Um welche Konstruktion handelt es sich bei den folgenden Satzanfängen? Wie musst du übersetzen?

   Quod ubi sanctus comperit … – Quod rursus ille reperiens … – Quod Nicolaus refutans …

6. Was fällt im folgenden Satz bei der Verwendung der Zeiten auf? Wie nennt man dieses Phänomen?

   Post paucos etiam dies Nicolaus duplicatam auri massam in domum proiecit, ad cuius sonitum ille excitatur et Nicolaum fugientem insequitur alloquiturque: …

ISBN 978-3-12-667011-1

Arbeit mit dem Wörterbuch 2

Nicht immer kommen in einem Text Wörter in der Form vor, in der du sie auch im Wörterbuch finden kannst (siehe Methodentraining 3, S. 37). Mache dir deshalb zunächst klar, um welche Wortart und welche Form es sich handelt, bevor du die Bedeutung eines Wortes nachschlägst. Hierzu ist eine gute Kenntnis der Formenlehre sowie der Stammformen sehr hilfreich!

1. Welche Wörter würdest du in dieser Form im Wörterbuch finden? Kreuze an. Bestimme bei den anderen die jeweilige Form und nenne ihre Grundform.

☐ *capio*	☐ *felicis*	☐ *corporibus*	☐ *libertas*	☐ *adeo*
☐ *bella*	☐ *facilis*	☐ *semen*	☐ *egi*	☐ *officio*

Wörterbücher verwenden häufig Abkürzungen, z. B. für grammatikalische Begriffe wie Komparativ (comp.) oder Accusativus cum infinitivo (AcI). Um einen Eintrag also richtig verstehen zu können, sollten dir diese Abkürzungen geläufig sein.

2. Schlage im Abkürzungsverzeichnis deines Wörterbuchs nach, wie die folgenden Begriffe abgekürzt werden.

Konjunktiv	____________	Deponens	____________
unpersönlich	____________	Ablativ	____________
Plusquamperfekt	____________	Konjunktion	____________
Superlativ	____________	Person	____________

Der zentrale Teil eines Worteintrags (sogenanntes Lemma) ist die Angabe der Bedeutung(en). Je mehr Bedeutungen ein Wort hat, desto stärker ist der Eintrag in Ziffern und/oder Buchstaben untergliedert. Manchmal ist es wirklich kniffelig, die richtige Bedeutung herauszufinden – hierbei helfen jedoch die angegebenen Beispiele und Wendungen.

3. Finde mithilfe deines Wörterbuchs heraus, was die folgenden Wendungen bedeuten.

1. *alicui vulnera ferre* ____________
2. *arma ferre contra hostes* ____________
3. *aliquem muneribus afficere* ____________
4. *morte affici* ____________
5. *causam agere* ____________
6. *vigilias agere* ____________
7. *rationem reddere* ____________
8. *rationem ducere alicuius rei* ____________
9. *quam ob rem* ____________
10. *caput rerum* ____________

ISBN 978-3-12-667011-1

1 Hannibal – Cornelius Nepos

1. superarit: 3. Pers. Sg. Konj. Perfekt Aktiv von superare, superaverit
   fore: Infinitiv Futur Aktiv, futurum esse (Bezugswort: eum)

2. ❶ des Mittels; ❷ Sie kämpfen mit Eisen und Feuer. ❸ der Begleitung; ❹ „mit wem (zusammen)?"; ❺ *Hannibal brach mit seinem Vater nach Spanien auf.* ❻ Ablativus **limitationis**; ❼ der Beziehung; ❽ *Die Römer übertreffen die Feinde an Tapferkeit.* ❾ „um wie viel"; ❿ *Die Römer übertreffen die Feinde an Tapferkeit um vieles/sind viel tapferer als die Feinde.* ⓫ des Ortes; ⓬ „wo?"; ⓭ *Hamilcar opferte Jupiter in Karthago Opfertiere.* ⓮ Ablativus **temporis**; ⓯ der Zeit; ⓰ *In diesem Alter brach er nach Spanien auf.*

3. Abl. limitationis: virtute – an Tapferkeit, prudentia – an Klugheit, fortitudine – an Tapferkeit
   Abl. mensurae: tanto ... quanto – um so viel ... wie
   Abl. locativus: in Italia – in Italien, domi – zuhause
   Abl. instrumentalis: invidia – durch Neid

4. AcI (Accusativus cum infinitivo): Subjektsakkusativ: Hannibalem, Infinitiv: praestitisse (Objekt: ceteros imperatores, Adverbiale: prudentia). Abhängig ist der AcI von: non est infitiandum.
   Übersetzung: *es ist nicht zu leugnen, dass Hannibal die übrigen Feldherren an Klugheit übertraf* (Infinitiv Perfekt → Vorzeitigkeit!)

5. Subjekt: Hannibal; eo = populo Romano

6. debilitatus esset: 3. Pers. Sg. Konj. Plusquamperfekt Passiv; potuisset: 3. Pers. Sg. Konj. Plusquamperfekt Aktiv; Funktion: Irrealis der Vergangenheit

7. • Prädikat: iusserat, Subjekt: Hamilcar
   • AcI von iusserat abhängig: der Subjektsakkusativ ist zu ergänzen (Hannibalem bzw. illum), iurare (Infinitiv)
   • tenentem: gleichzeitiges Participium coniunctum, Bezugswort ist zu ergänzen: Hannibalem bzw. illum; eam (= aram) Objekt zu tenentem
   • AcI von iurare abhängig: numquam eum (A) in amicitia cum Romanis fore (I)

8. Hannibals Motivation ist – nach Cornelius Nepos – sein Hass auf die Römer, den er als Junge schon seinem Vater schwören musste. Er wird als sehr kluger (prudentia) Feldherr und in seinem immerwährendem Hass als äußerst stur und unnachgiebig charakterisiert. Seinen Misserfolg hat er nach Nepos nicht selbst zu verantworten, sondern dem Neid und den Intrigen seiner Mitbürger zu verdanken.

Übersetzung

Wenn es wahr ist, was niemand bezweifelt, dass das römische Volk alle Völker an Tapferkeit übertrifft, ist es nicht zu leugnen, dass Hannibal die übrigen Feldherren an Klugheit um so viel übertraf, wie das römische Volk alle Völker an Tapferkeit übertrifft.
Denn jedes Mal, wenn er (= Hannibal) mit ihm (= dem röm. Volk) in Italien kämpfte, ging er immer als Sieger (aus der Schlacht) hervor. Wenn er also zuhause nicht durch den Neid seiner Mitbüger geschwächt worden wäre, hätte er die Römer überwinden können. Aber die Missgunst vieler hat die Tüchtigkeit eines Einzelnen völlig besiegt.
Dieser bewahrte den väterlichen Hass gegenüber den Römern so sehr, dass er eher seine Seele als diesen (= den Hass) aufgab. Hannibal ließ sogar, nachdem/obwohl er aus der Heimat vertrieben worden war, niemals davon ab, im Geiste mit den Römern Krieg zu führen. Hamilcar hatte nämlich Hannibal als Jungen zum Altar geführt und ihm, während er ihn (= den Altar) berührte, zu schwören befohlen, dass er niemals in Freundschaft mit den Römern/ein Freund der Römer sein werde.

2 Cato – Cornelius Nepos

1. Genitivus partitivus, Teilungsgenitiv – *er nahm keinen Schaden an Ansehen → sein Ansehen nahm keinen Schaden* – Ablativus limitationis, Ablativ der Beziehung – *er wuchs hinsichtlich des Ruhmes seiner Tugenden → der Ruhm seiner Tugenden wuchs* – Ablativus qualitatis, Ablativ der Eigenschaft – *er war von einzigartigem Fleiß → er zeigte einzigartigen Fleiß*

2. a) ❶ allen/jedem - ❷ Kasus - ❸ Numerus - ❹ Genus - ❺ verkürzter - ❻ *Cato lebte im Gebiet der Sabiner. Dann zog er nach Rom. → Nachdem Cato im Sabinerland gelebt hatte, zog er nach Rom.*

ISBN 978-3-12-667011-1

b) ⑦ Gleichzeitigkeit - ⑧ Vorzeitigkeit - ⑨ *Cato begann, als er in Rom lebte, auf dem Forum politisch tätig zu sein.* ⑩ *Nachdem er Prätor geworden war, erhielt er Sardinien als Provinz.*
c) ⑪ kausal - ⑫ konzessiv - ⑬ modal - ⑭ *Obwohl er sich (erst) als älterer (Mensch) an das Studium machte, blieb ihm dennoch beinahe nichts über die griechischen und römischen Dinge unbekannt.* (PC im Dat. Sg. m; Bezugswort: ei; → konzessiv)

3. a) M. Cato ... sorte provinciam nactus ...: PPP von nancisci – erlangen, Nom. Sg. m, Bezugswort: M. Cato Cato, censor ... factus, severe praefuit ...: PPP von facere bzw. fieri – (gemacht) werden, Nom. Sg. m, Bezugswort: Cato
A multis temptatus non modo ... fecit ...: PPP von temptare – in Versuchung bringen, angreifen, Nom. Sg. m, Bezugswort: Subjekt, das in der Personalendung des Prädikats enthalten ist (sinngemäß: Cato)
b) Zeitverhältnis: bei allen vorzeitig (PPP), logisches Verhältnis: nactus/factus – temporal, temptatus – konzessiv
c) Das Konsulat bekleidete Marcus Cato mit Lucius Valerius Flaccus und brachte, nachdem er durch das Los das diesseitige Spanien als Provinz erlangt hatte, von dort einen Triumph heim. (Auflösung des PC durch Adverbialsatz)/ ..., er erlangte das diesseitige Spanien als Provinz durch das Los. Von dort brachte er dann einen Triumph heim. (Auflösung des PC durch einen Hauptsatz)/... und nach Erlangen des diesseitigen Spaniens als Provinz brachte er ... (Auflösung des PC durch einen präpositionalen Ausdruck)
Als/Nachdem Cato aber mit eben demselben Flaccus zum Zensor gewählt worden war, führte er dieses Amt streng. (Auflösung des PC durch einen Adverbialsatz)/Cato war mit mit eben demselben Flaccus zum Zensor gewählt worden. Er führte daraufhin dieses Amt streng. (Auflösung des PC durch einen Hauptsatz)/Nach der Wahl zum Zensor aber mit eben demselben Flaccus führte er ... (Auflösung des PC durch einen präpositionalen Ausdruck)
Obwohl er von vielen angegriffen wurde, nahm er nicht nur keinen Schaden an Ansehen, sondern wuchs, solange er lebte, hinsichtlich des Ruhmes seiner Tugenden. (Auflösung des PC durch Adverbialsatz)/Er wurde von vielen angegriffen, dennoch nahm er nicht nur keinen Schaden ... (Auflösung des PC durch einen Hauptsatz)/Trotz der Angriffe vieler .../Trotz vielfacher Angriffe ... Auflösung des PC durch einen präpositionalen Ausdruck)

4. a) qui → quae → cuius → cuius → quorum → quibus → quibus → quos → quem → quam → qua → quo → cui
b) ① falsch; ② richtig; ③ richtig; ④ falsch; ⑤ richtig

5. cuius: Gen. Sg. m, Bezugswort: P. Scipio Africanus; quae: Nom. Sg. f, Bezugswort: luxuria; quarum: Gen. Pl. f, Bezugswort: historias; quibus: Abl. Pl. m, Bezugswort: libri im Satz zuvor → rel. Satzanschluss

6. Catos zeichnet sich aus durch:
- (moralische) Strenge und Aufrichtigkeit, mit der er das Amt des Zensors führt, um Genusssucht einzudämmen: *severe* praefuit ei potestati; ut *luxuria* reprimeretur
- Tugendhaftigkeit: laude *virtutum*
- extremen Fleiß (In omnibus rebus *singulari* fuit *industria*), Genauigkeit (multa *industria* et *diligentia*), große Gelehrsamkeit und gründliche Kenntnisse in vielerlei Gebieten (Ackerbau, Rhetorik, Kriegsführung ...): Nam et agricola *sollers* et *peritus* iuris *consultus* et magnus imperator et probabilis orator et cupidissimus litterarum fuit. Ab adulescentia confecit orationes. Senex historias scribere instituit, quarum sunt libri septem.

Übersetzung

Das Konsulat bekleidete Marcus Cato mit Lucius Valerius Flaccus und brachte, nachdem er durch das Los das diesseitige Spanien als Provinz erlangt hatte, von dort einen Triumph heim. Da er länger dort verweilte, wollte ihn Publius Scipio Africanus, zum zweiten Mal Konsul, dessen Quaestor er in seinem ersten Konsulat gewesen war, aus der Provinz vertreiben und selbst sein Nachfolger werden (wörtl. ihm selbst nachfolgen), aber er konnte dies nicht durch den Senat durchsetzen.
Als Cato aber mit eben demselben Flaccus zum Zensor gewählt worden war, führte er dieses Amt streng. Denn er bestrafte sehr viele Adlige und fügte viele neue Bestimmungen seinem Edikt hinzu, damit die Genussucht zurückgedrängt werde/um die Genussucht zurückzudrängen, die damals schon zu wuchern begann. Obwohl er von vielen angegriffen wurde,/Trotz vielfacher Angriffe nahm sein Ansehen nicht nur keinerlei Schaden, sondern der Ruhm seiner (politischen) Tugenhaftigkeit wuchs, solange er lebte (wörtl. nahm er nicht nur keinen Schaden an Ansehen, sondern wuchs ... hinsichtlich des Ruhmes seiner Tugenden).
In allen Dingen zeigte er einen einzigartigen Fleiß (*wörtl.* war er von einzigartigem Fleiß). Denn er war ein tüchtiger Bauer, ein erfahrener Rechtsgelehrter, ein großer Feldherr, ein guter Redner und literatur-/wissenschaftsbesessen (wörtl. sehr begierig nach Literatur/Wissenschaft). Von Jugend an verfasste er Reden. Als Greis begann er, ein Geschichtswerk zu schreiben, das aus sieben Büchern besteht. In diesen erscheint viel Fleiß und Genauigkeit, aber keine wissenschaftliche Gelehrsamkeit.

ISBN 978-3-12-667011-1

3 Alexander der Große und der gordische Knoten – Q. Curtius Rufus

1. a) falsch; b) richtig; c) richtig; d) falsch

2. a) distantem (PPA, Akk. Sg. f, Bezugswort: quam) – *Gordion heißt die Stadt, an der der Strom Sangarius vorbeifließt und die in der gleichen Entfernung vom Schwarzen und vom kilikischen Meer liegt.*
abhorrens (PPA, Akk. Sg. n, Bezugswort: vehiculum) – *Er erblickte den Wagen …, der hinsichtlich seiner Ausstattung ganz und gar nicht von billigeren und allgemein üblichen abwich.*
adstrictum (PPP, Nom. Sg. n, Bezugswort: iugum); implicatis et celantibus (beide: PPP, Abl. Pl. m, Bezugswort: nodis) – *Bemerkenswert war das Joch, das mit mehreren Knoten fest angebunden war, die in sich selbst verknüpft waren und die Knotenenden (wörtl.* Verbindungen*) verbargen.*
suspensa (PPP, Nom. Sg. f, Bezugswort: turba Phrygum); sollicita (PPP, Nom. Sg. f, Bezugswort: turba Macedonum)– Um den König herum war sowohl eine Menge von Phrygiern als auch von Makedoniern, jene in gespannter Erwartung (*wörtl.* die aufgrund der Erwartung gespannt war), diese beunruhigt (*wörtl.* die wegen … beunruhigt war) wegen des tollkühnen Vertrauens ihres Königs …

   b) Abl. abs.: urbe in dicionem suam redacta – nachdem die Stadt unter seine Gewalt gebracht worden war/ nachdem er … gebracht hatte
Incolis … affirmantibus – Als die Einwohner versicherten
gladio … ruptis omnibus loris – nachdem er alle Schlingen mit dem Schwert durchschlagen hatte
PC: Ille nequaquam diu luctatus cum latentibus nodis – nachdem er sich keineswegs lange mit den verborgenen Knoten abgemüht hatte

3. ❶ **AcI** - ❷ **relative Verschränkung (verschränkter Relativsatz)** - ❸ **Adverb** - ❹ **Einschub** einem präpositionalen Ausdruck.

   Er erblickte den Wagen,
   - von dem bekannt war, dass mit ihm Gordius, Midas' Vater, gefahren war.
   - mit dem bekanntlich/bekanntermaßen Gordius, Midas' Vater, gefahren war.
   - mit dem – wie bekannt war – Gordius, Midas' Vater, gefahren war.
   - mit dem nach allgemeinem Wissen Gordius, Midas' Vater, gefahren war.

4. a)

Hauptsatz	Gliedsatz 1
Incolis deinde affirmantibus (Abl. abs.) editam esse (Inf.) oraculo sortem (Akk.) (1. AcI abhängig vom Abl. abs.) (*erg.* eum = Akk.) Asiae potiturum (*erg.* esse) (Inf.), (2. AcI abhängig vom 1. AcI editam … sortem)	
cupido (S) incessit (P) animo (DO) sortis eius explendae.	qui inexplicabile vinculum solvisset, (Relativsatz abhängig vom 2. AcI)
Als die Einwohner daraufhin versicherten, dass durch das Orakel eine Weissagung verkündet worden war, dass der, der den unentwirrbaren Knoten lösen würde, sich Asiens bemächtigen werde, überkam ihn (*wörtl.* seinen Geist) der Wunsch, diese Weissagung zu erfüllen.	

ISBN 978-3-12-667011-1

b) Zu ergänzen sind **eum** als Subjektsakkusativ des 2. AcIs sowie **esse** nach **potiturum** (Infinitiv Futur Aktiv).

Hauptsatz	Gliedsatz 1	Gliedsatz 2
Circa regem (Adv.) erat (P) et Phrygum (Gen.Attr.) turba (S) et Macedonum (Gen.Attr.), illa exspectatione suspensa (Apposition zu turba Phrygum), haec sollicita ex temeraria regis fiducia (Apposition zu turba Macedonum), quippe series (S) vinculorum (Gen.Attr.) ita adstricta erat (P),		
	ut,	
		unde nexus (S) inciperet (P) quove se conderet (P),
	nec ratione nec visu perspici posset (P). (Konsekutivsatz abhängig vom HS, ita ... ut)	(abh. Fragesatz)
Um den König herum war sowohl eine Menge von Phrygiern als auch von Makedoniern, jene in gespannter Erwartung (*wörtl.* gespannt aufgrund der Erwartung), diese beunruhigt wegen des tollkühnen Vertrauens ihres Königs, denn die Knotenreihe war so straff gezogen, dass man weder durch Überlegen noch durch (genaues Hin)Sehen erkennen konnte, wo die Verküpfung begann oder wo sie endete (*wörtl.* sich verbarg).		

c) Passend zur Beschreibung des gordischen Knotens wählt Curtius Rufus in diesen beiden Sätzen eine entsprechend komplexere Satzstruktur.

5. a) Hintergrundbeschreibung: Imperfekt (erat, ducebatur, habebat)
Beschreibung der Stadt Gordion und des Flusses: historisches Präsens (est, praeterfluit)
„Auftritt" von Alexander: historisches Präsens (intrat)
Beschreibung des gord. Knotens: Imperfekt (constabat, erat)
das weitere Geschehen: Perfekt (aspexit, incessit, inquit), Hintergrund: Imperfekt (circa regem ... erat)
→ Durch die Verwendung der Tempora wird zunächst die Stadt, in der die Episode spielt, ins Zentrum der Aufmerksamkeit (des Lesers) gerückt, dann nach der Beschreibung von Gordion die zentrale Figur: Alexander. Der Blickwinkel wird also immer enger: von Phrygien zu Gordion zu Alexander im Tempel des Jupiter – wie bei einem Zoom der Kamera.

b) Alliteration: a vilioribus vulgatisque; ut, unde nexus; perspici posset; inquit, interest
Chiasmus:

nodis in semetipsos — implicatis et
celantibus — nexus

illa exspectatione — suspensa,
haec sollicita — ex temeraria regis fiducia

Ellipse: (eum) Asiae potiturum (esse)
Litotes: haud sane; nequaquam diu
Polysyndeton: et Phrygum turba et Macedonum; nec ratione nec visu

Rhetorische Stilmittel werden grundsätzlich eingesetzt, um die Sprache abwechslungsreich zu gestalten, eine bestimmte Stelle zu betonen, die Spannung zu erhalten, den Leser in Bann zu schlagen oder ihn zu unterhalten. Hier werden die Stilmittel immer zahlreicher, sobald die Beschreibung des Wagens mit dem Knoten beginnt. Je mehr sich die Situation zuspitzt (Alexander will die Weissagung erfüllen, die Menge ist sehr gespannt bzw. beunruhigt), desto mehr Stilmittel finden sich.

ISBN 978-3-12-667011-1

c) In der indirekten Rede wird erzählt, was die Einwohner vom Orakelspruch zu berichten haben, in der direkten Rede erst zuletzt der Auspruch Alexanders, als er den Knoten durchschlägt. Dieser Wechsel zur direkten Rede löst die Spannung auf wie der Schwertstreich den Knoten.

6. Den kompliziert geknüpften Knoten einfach mit dem Schwert durchzuhauen kann man als genial einfach - Alexander als mutiger Held, der sich auch in komplizierten Situationen zu helfen weiß - oder aber als frech und dreist - Alexander als Mensch, der vor dem Orakel bzw. den Göttern keine Ehrfurcht hat - bezeichnen. Curtius Rufus legt sich auf kein Urteil fest (sortem vel elusit vel implevit), er lässt beide Ansichten zu.

Übersetzung

Phrygien war es, durch das das Heer geführt wurde: Mit mehr Dörfern als Städten besiedelt, war dort (*wörtl.* hatte es) damals den einst vornehmen Königspalast des Midas. Gordion heißt die Stadt, an der der Strom Sangarius vorbeifließt und die in der gleichen Entfernung vom Schwarzen und vom kilikischen Meer liegt.
Nachdem Alexander die Stadt unter seine Gewalt gebracht hatte, betrat (*wörtl.* hist. Präsens) er den Tempel des Jupiter. Er erblickte den Wagen, mit dem bekanntlich Gordius, Midas' Vater, gefahren war, der hinsichtlich seiner Ausstattung ganz und gar nicht von billigeren und allgemein üblichen abwich. Bemerkenswert war das Joch, das mit mehreren Knoten fest angebunden war, die in sich selbst verknüpft waren und die Knotenenden (*wörtl.* Verbindungen) verbargen.
Als die Einwohner daraufhin versicherten, dass durch das Orakel eine Weissagung verkündet worden war, dass der, der den unentwirrbaren Knoten lösen würde, sich Asiens bemächtigen werde, überkam ihn (*wörtl.* seinen Geist) der Wunsch, diese Weissagung zu erfüllen.
Um den König herum war sowohl eine Menge von Phrygiern als auch von Makedoniern, jene in gespannter Erwartung (*wörtl.* gespannt aufgrund der Erwartung), diese beunruhigt wegen des tollkühnen Vertrauens ihres Königs, denn die Knotenreihe war so straff gezogen, dass man weder durch Überlegen noch durch (genaues Hin-)Sehen erkennen konnte, wo die Verküpfung begann oder wo sie endete (*wörtl.* sich verbarg). Nachdem sich jener keineswegs lange mit den verborgenen Knoten abgemüht hatte,/Jener mühte sich keineswegs lange mit den verborgenen Knoten ab und sagte dann: „Es macht keinen Unterschied, wie sie gelöst werden", und, nachdem er alle Schlingen mit dem Schwert durchschlagen hatte, verspottete er entweder die Weissagung des Orakels oder erfüllte sie.

4 Alexander der Große an Dareios – Q. Curtius Rufus

1. **Xerxes, rex gentis eiusdem** (Gen. originis) – *Xerxes, ein König aus demselben Geschlecht (stammend)*; **cum immanium Barbarorum** (Gen. partitivus) **copiis** – *mit riesigen Barbarentruppen*; **ingentis pecuniae** (Gen. obiectivus) **spes** – *die Hoffnung auf sehr viel Geld*

2. a) ❶ -nd-; ❷ a-/o-; ❸ -e-; ❹ Attributs; ❺ Prädikativums; ❻ Prädikatsnomens

b) habendus, -a, -um; capiendus, -a, -um; servandus, -a, -um; fugiendus, -a, -um; scribendus, -a, -um; amandus, -a, -um; audiendus, -a, -um

c) ❶ **contemnendum:** Akk. Sg. n, Bezugswort: bellum; Satzfunktion: Attribut zu bellum – *Alexander führt einen verachtenswerten* (*wörtl.* zu verachtenden) *Krieg.*
❷ **oppugnandorum:** Gen. Sg. m, Bezugswort: Persarum; Satzfunktion: Attribut – *Alexander fasste den Plan, die Perser anzugreifen.*
❸ **vincendum:** Akk. Sg. m, Bezugswort: Dareum, Satzfunktion: Attribut – *Alexander führte einen Krieg, um Dareios zu besiegen.*
❹ **scribenda:** Nom. Sg. f, Bezugswort: epistula, Satzfunktion: Prädkatsnomen – *Alexander muss einen Brief schreiben* (*wörtl.* Der Brief ist für Alexander „ein zu schreibender").
❺ **perferendam:** Akk. Sg. f, Bezugswort: epistulam, Satzfunktion: Prädikativ – *Alexander gab den Brief einem Boten zum Übergeben* (*wörtl.* als „einen zu übergebenden").

ISBN 978-3-12-667011-1

Regeln für die Übersetzung:
Ein **attributiv** verwendetes Gerundiv kann oft mit einem Adjektiv auf *-lich, -wert, -würdig* übersetzt werden (Satz ❶ Ansonsten übersetze es mit einem Infinitiv oder präpositionalen Ausdruck (Satz ❷ und ❸). Ein attributives Gerundiv nach ad drückt einen Zweck aus *(um … zu)*.
Ein **prädikativ** verwendetes Gerundiv (besonders bei den Verben **dare, tradere, mittere, curare**) drückt einen Zweck aus (Satz ❺).
Ein als **Prädikatsnomen** verwendetes Gerundiv mit einer Form von **esse** drückt eine Notwendigkeit aus. Übersetze mit *müssen* (Satz ❹). Die Person, die etwas tun muss, steht im Dativ (auctoris).

3. inferendum: Akk. Sg. n, Satzfunktion: Attribut – *um einen Krieg zu beginnen*; oppugnandos: Akk. Pl. m, Satzfunktion: Attribut – *um uns anzugreifen*; perferenda: Akk. Sg. f, Satzfunktion: Prädikatsnomen – *Diesen Brief musste ein Bote überbringen.*

4.

Subjunktionen	Modus des Prädikats
ut – damit, ne – damit nicht	Konjunktiv
ne – dass, ne non – dass nicht	Konjunktiv

a) Dareios fürchtete, dass seine Kinder nicht freigelassen werden.
b) Dareios schrieb Alexander einen Brief, damit seine Mutter, Gattin und Kinder freigelassen werden.

5. **Relativsätze:** cuius nomen sumpsisti; qui oram Hellesponti tenent; quos ingentis pecuniae spe sollicitaverant vestri
Finalsatz: … Mardonium tamen reliquit in Graecia, ut absens quoque popularetur urbes, agros ureret.

6. a) Alexander stellt (nach Curtius Rufus) den Krieg gegen die Perser unter Dareios III. als Rache- und Verteidigungskrieg dar.
Schon die Vorfahren des Dareios hätten gegen Makedonien und Griechenland Krieg geführt:
- 490 v. Chr. der 1. Feldzug der Perser unter Dareios I. (Dareus … Graecos, qui oram Hellesponti tenent, coloniasque Graecorum Ionias omni clade vastavit, … ad bellum Macedoniae et Graeciae inferendum)
- 480 v. Chr. der 2. Feldzug der Perser unter Xerxes (Xerxes … ad oppugnandos nos cum immanium Barbarorum copiis venit; qui, navali proelio victus, Mardonium tamen reliquit in Graecia, ut absens quoque popularetur urbes, agros ureret)

Aber auch unter Dareios III. habe es Angriffe auf das makedonische Königshaus gegeben. Die Mörder von Alexanders Vater sollen von den Persern bezahlt worden sein (Philippum vero, parentem meum, quis ignorat ab iis interfectum esse, quos ingentis pecuniae spe sollicitaverant vestri?), ebenso ein Auftragskiller, der Alexander ermorden sollte (sicut tu … percussorem in me emere voluisti).
Die Perser würden gottlose Angriffskriege führen (impia enim bella suscipitis), noch dazu Kopfgeld auf Feinde aussetzen (d. h. sich gegen das Kriegsrecht verhalten; licemini hostium capita).

Alexander sieht es also so: Er rächt sich für das früher erlittene Unrecht und verteidigt sich nur (repello igitur, non infero); zudem stehen die Götter auf seiner Seite: Der Krieg ist also gerecht, ja sogar gottgefällig.

b) Angesichts der innenpolitischen Probleme erscheint der Krieg gegen die Perser wie ein Ablenkungsmanöver: Das Gemeinschaftsgefühl zwischen Griechen und Makedoniern soll durch den gemeinsamen äußeren Feind gestärkt werden. Mit der Anschuldigung, Dareios habe seinen Vater ermorden lassen, lenkt er auch von sich selbst und den Gerüchten ab, denen zufolge Alexander für die Ermordung verantwortlich war.

ISBN 978-3-12-667011-1

Übersetzung

König Alexander grüßt Dareios.
Dareios, dessen Namen du angenommen hast, hat die Griechen, die die Küste des Hellespontus/der Dardanellen bewohnen, und die ionischen Siedlungen der Griechen mit allerlei Kriegsplage heimgesucht, er überquerte daraufhin das Meer mit einem großen Heer, um einen Krieg gegen Makedonien und Griechenland zu beginnen.
Xerxes wiederum, von demselben Geschlecht (stammend), kam mit riesigen Barbarentruppen, um uns anzugreifen; dieser ließ, nachdem er in einer Seeschlacht besiegt worden war, Mardonius dennoch in Griechenland zurück, um auch aus der Ferne (*wörtl.* als Abwesender) Städte zu plündern (und) Felder zu verbrennen.
Wer weiß jedoch nicht, dass Philipp, mein Vater, von denen getötet wurde, die eure Leute mit der Hoffnung auf sehr viel Geld angestachelt hatten. Denn ihr unternehmt gottlose Kriege und setzt, da ihr die Kriegsmittel habt, Kopfgelder auf die Feinde aus, so wie du, der König eines so großen Heeres, neulich mit 1000 Talenten einen Mörder gegen mich kaufen wolltest.
Ich wehre also den Krieg ab, ich beginne ihn nicht. Und auch die Götter stehen auf der Seite der besseren Sache: Den Großteil Asiens habe ich unter meine Gewalt gebracht, dich selbst habe ich in der Schlacht besiegt.
Ein Bote musste diesen Brief überbringen.

5 Karl der Große – Einhardus

1. Es handelt sich um Ablativi qualitatis (der Eigenschaft): corpore … amplo atque robusto – *(er war) von breitem und kräftigen Körper*; statura eminenti – *von herausragender Größe*; apice … rotundo – *von runder Schädeldecke*; oculis grandibus ac vegetis – *von großen und lebhaften Augen*; naso … excedenti – *von einer Nase, die über das Mittelmaß hinausging*; canitie pulchra – *von schönem grauen Haar*; facie laeta et hilari – *von fröhlichem und heiterem Gesicht*; incessu firmo corporisque habitudine virili – *von sicherem Gang und männlicher Körperhaltung*

2. earum artium (Gen. obi.) – *erfahren in diesen Künsten* – vaporibus (Abl. causae) – *sich an den Dämpfen heißer Quellen erfreuen* – extremis … annis (Abl. temporis) – *in den letzten Jahren seines Lebens.*

3. a) falsch (es ist ein Verbalsubstantiv); b) richtig; c) falsch (es hat nur Singularformen); d) richtig (ohne Präposition steht der Infinitiv); e) richtig; f) falsch (es gibt keinen Nom. Sg. des Gerundiums, denn im Nom. Sg. hat der Infinitiv seine normale Form); g) falsch (Deponentien bilden sehr wohl nd-Formen)

4. equitando: Abl. Sg., equitare, *durch Reiten*; venando: Abl. Sg., venari (Deponens!), *durch Jagen*; exercendi causa: Gen. Sg., exercere, *um des Trainings willen / um zu trainieren*; in edendo: Abl. Sg. edere, *beim Essen*; (in) bibendo: Abl. Sg., bibere, *beim Trinken*

5. a) Mögliche Bedeutungen von ut sind: *damit – dass – wie – sodass*

   b) Finalsatz *(damit)*, Begehrsatz *(dass)* Konsekutivsatz *(sodass)*, Komparativsatz *(wie)*

   c) Es handelt sich hier um Konsekutivsätze (ut – sodass):
   ut vix ulla in terris natio inveniri possit – *sodass kaum* ein Volk auf Erden gefunden werden kann
   ut nullus eum posset superare – sodass *dass ihn* keiner übertreffen konnte
   ita ut nonnumquam centum vel eo amplius homines una lavarentur – *so dass sich* manchmal hundert oder mehr als das Menschen zusammen badeten
   ut saepe quereretur noxia corpori suo esse ieiunia – *sodass er sich* oft beklagte, dass Fasten für seinen Körper schädlich sei
   Kennzeichen sind Signalwörter im Hauptsatz wie **adeo** – *so sehr* und **ita** – *so*, das Prädikat im Konjunktiv sowie natürlich die Konjunktion **ut**.

ISBN 978-3-12-667011-1

6.

HS	GS1	GS2	GS3
Exercebatur assidue equitando ac venando,	quarum artium Franci adeo periti sunt, (Relativsatz)	ut vix ulla in terris natio inveniri possit, (Konsekutivsatz)	quae in his eos aequet. (Relativsatz, Bezugswort: natio)

Besonderheit im Relativsatz 1: Das Bezugswort **artium** steht im Relativsatz; der Satz könnte auch lauten: ... **venando, artibus, quarum Franci ... periti sunt**
Besonderheit im Relativsatz 2: Das Prädikat steht im Konjunktiv wegen der Modusangleichung (attractio modi) an den Konjunktiv im übergeordneten Konsekutivsatz.

7. Nach der Beschreibung bei Einhardus muss die Erscheinung Karl des Großen imposant und verlässlich wirkend gewesen sein: etwas größer als normal, breit und kräftig gebaut, mit einem festen Gang. Dennoch wirkte er wohl nicht furchteinflößend, denn sein Gesicht war freundlich-heiter.
In den Körperdisziplinen Jagen, Reiten, Schwimmen trainiert, war er wohl auch sehr auf seine Fitness und Gesundheit bedacht: ein starker Herrscher also. Darauf weist auch der maßvolle Umgang mit Alkohol hin. Eine kleine Schwachstelle schien das Essen gewesen zu sein, was ihn aber wieder sehr menschlich erscheinen lässt.

Übersetzung

Er hatte einen breiten und kräftigen Körper, war von herausragender Größe, die das rechte Maß dennoch nicht überstieg, er hatte eine runde Schädeldecke, große und lebhafte Augen, eine Nase, die über das Mittelmaß ein wenig hinausging, schönes graues Haar und ein fröhliches und heiteres Gesicht. Sein Gang war fest und seine Körperhaltung männlich.
Er übte sich ständig durch Reiten und Jagen, Künste, in denen die Franken so erfahren waren, dass kaum ein Volk auf Erden gefunden werden kann, das ihnen darin gleichkommt. Er erfreute sich auch an den Dämpfen heißer Naturquellen und er schwamm häufig, um seinen Körper zu trainieren; darin war er so erfahren, dass ihn keiner übertreffen konnte. Deswegen wohnte er in den letzten Jahren seines Lebens im Königspalast von Aachen. Und er lud nicht nur seine Söhne zum Bad ein, sondern Freunde, manchmal auch die Gruppe von Leibwächtern, so dass manchmal hundert oder mehr (als das) Menschen zusammen ein Bad nahmen.
(Er war) maßvoll im Essen und Trinken, aber im Trinken (noch) maßvoller, zumal er ja die Trunkenheit bei jedem beliebigen Menschen, noch viel mehr bei sich und den Seinen, am meisten verabscheute. Des Essens konnte er sich nämlich nicht so sehr enthalten, sodass er sich oft beklagte, dass Fasten für seinen Körper schädlich sei.

M1 Methodentraining 1: Wortbildung – Bedeutungen erschließen

1. vic-trix: PPP-Stamm vic-tus von vincere – *siegen* → weibl. Person, *die siegt: Siegerin*; muni-mentum: Präsensstamm von muni-re – *bauen, befestigen* → Vorgang oder Mittel des Befestigens: *Befestigung, Schutzbau*; cognit-io: PPP-Stamm cognit-us von cognoscere – *kennen lernen, erkennen* → Tätigkeit/Ergebnis des Erkennens oder Kennenlernens: *Bekanntschaft, Erkenntnis*; script-or: PPP-Stamm von scribere – *schreiben* → Person, die schreibt: *Schreiber, Schriftsteller*; mot-us: PPP-Stamm mot-us von movere – *bewegen* → Tätigkeit/Ergebnis des Bewegens: *Bewegung*; taed-ium: Präsensstamm von taed-et – *es ekelt* → Tätigkeit/Zustand des Ekelns: *Ekel, Widerwille*
2. victor-ia: victor, victor-is – *Sieger* →Tätigkeit/Ergebnis: Sieg; consul-atus: consul, consul-is – *Konsul* → Amt des Konsuls: *Konsulat*; mediocr-itas: mediocris, -e – *mittelmäßig, mäßig* → Zustand: *Mittelmäßigkeit, Maßhalten*; alt-itudo: alt-us – *hoch, tief* → Zustand: *Höhe, Tiefe*; milit-ia: miles, milit-is – *Soldat* → Tätigkeit des Soldaten: *Kriegsdienst, Krieg*
3. ama-bilis: ama-re – *lieben* → möglich zu lieben, „liebbar": *liebenswert*; ut-ilis: ut-i – *benutzen* → möglich zu benutzen: *benutzbar, nützlich*; sapi-e-ns: sapere, sapi-o – *weise sein, wissen* →(fortwährend) wissend: *weise, klug*; horr-idus: horr-ere – *struppig sein, starren* → Zustand: *starrend, struppig*; vac-uus: vac-are – *leer/frei sein* → Zustand/bleibende Eigenschaft: *leer, frei*
4. nav-alis: nav-is – *Schiff* → *zum Schiff gehörend, Schiffs-*; reg-ius: rex, reg-is – *König* → *zum König gehörend, königlich*; pericul-osus: pericul-um – *Gefahr* → *gefährlich*; fid-elis: fid-es – *Vertrauen, Treue, Zuverlässigkeit* → *treu, zuverlässig*; urb-anus: urbs, urb-is – *Stadt* → *zur Stadt gehörend, städtisch, fein, gebildet*

ISBN 978-3-12-667011-1

6 Wer war Acca Larentia? – Aulus Gellius

1. a) Quae cum corpus … habuisse dicitur ist ein relativer Satzanschluss (Bezugswort: Acca Larentia). Übersetzt wird er mit einem Demonstrativ- oder Personalpronomen: *Diese/Sie soll erhalten haben …*

b) • Parallelismus (Stellung von Objekt und Prädikat): cum corpus in vulgus dedisset pecuniamque emeruisset ex eo quaestu uberem
• Alliteration: cum corpus; emeruisset ex eo
• Hyperbaton: pecuniam … uberem

2. a)

cum + ❶ ***Konjunktiv***	**Bedeutung**	**Gliedsatzart**
cum historicum	als, nachdem	Temporalsatz
cum ❷ causale	❸ da, weil	Kausalsatz
cum ❹ concessivum	obwohl	❺ Konzessivsatz
cum adversativum	❻ während (doch)	❼ Konzessivsatz
cum + ❽ Indikativ		
cum ❾ temporale	damals, als	❿ Temporalsatz
cum iterativum	⓫ jedesmal (wenn)	⓬ Temporalsatz
cum ⓭ inversivum	als plötzlich, da	⓮ Temporalsatz
cum ⓯ explicativum/ identicum/modale	⓰ indem, dadurch dass	Modalsatz
cum (primum) + ⓱ Ind. Perfekt	⓲ sobald (als)	⓳ Temporalsatz

b) ❶ … cum filius perdidisset. – *Romulus gab sich der Acca als Sohn, nachdem sie einen Sohn verloren hatte.* (cum historicum)
❷ … cum corpus … dedit. – *Acca Larentia verdiente reichlich Geld, indem sie Prostituierte war.* (cum explicativum)
❸ … cum meretrix fuisset. – *Acca Larentia wurde vom römischen Volk mit den höchsten Ehren versehen, obwohl sie eine Prostituierte gewesen war.* (cum concessivum)

3. ❶ Quae cum corpus … dedisset pecuniamque emeruisset … – *obwohl sie Prostituierte gewesen war und aus diesem Gewerbe reichlich Geld verdient hatte* (cum concessivum)
❷ Cum ea testamento … heredem fecisset … – *Da/Nachdem sie durch ihr Testament, wie im Geschichtswerk des Antias geschrieben wurde, den König Romulus oder, wie gewisse andere jedoch überlieferten, das römische Volk zum Erben ihrer Güter gemacht hatte* (cum historicum oder causale)
❸ Cum ea mulier … amisisset – *Da/Nachdem diese Frau einen von zwölf Söhnen durch den Tod verloren hatte* (cum historicum oder causale)

4. a) ❶ richtig; ❷ falsch (der Infinitiv kann Aktiv oder Passiv sein); ❸ richtig; ❹ falsch (der Infinitiv kann in allen Zeiten stehen); ❺ richtig

b) ❶ Accae Larentiae nomen in antiquis annalibus celebre esse dicitur. – Der Name der Acca Larentia soll in den alten Jahrbüchern häufig genannt werden./Man sagt, dass der Name … genannt werde. ❷ Acca Larentia Romuli nutrix fuisse dicitur. – *Acca Larentia soll die Amme des Romulus gewesen sein./Man sagt, dass Acca Larentia … gewesen sei.* ❸ Acca Larentia testamento Romulum heredem fecisse traditur/fertur. – *Acca Larentia soll durch ihr Testament Romulus zum Erben gemacht haben./Es wird überliefert, dass Acca Larentia … gemacht habe.*

5. Quae (Nom.) … post mortem tamen amplissimos honores a populo Romano habuisse (Inf. Perf. → Vorzeitigkeit) dicitur. – *Diese/Sie soll nach ihrem Tod vom römischen Volk höchste Ehrungen erhalten haben.*
… in illius locum Romulus (Nom.) Accae sese filium dedisse (Inf. Perf. → Vorzeitigkeit) seque et ceteros eius filios „fratres arvales" appellavisse (Inf. Perf. → Vorzeitigkeit) dicitur. – *Romulus soll sich anstelle von jenem der Acca als Sohn gegeben haben und sich und die anderen ihrer Söhne „Arvalbrüder" genannt haben.*

ISBN 978-3-12-667011-1

6. a) Numitor war von seinem Bruder Amulius als König gewaltsam abgesetzt worden. Seine Tochter Rhea Silvia war daraufhin von Amulius gezwungen worden, das keusche Leben einer Vestalin zu führen, um weitere Nachkommen (mit Herrschaftsanspruch) zu vermeiden. Sie wird jedoch vom Kriegsgott Mars schwanger und bekommt die Zwillinge Romulus und Remus.
Amulius befiehlt nach deren Geburt, die beiden Jungen zu töten. Sie werden jedoch nicht getötet, sondern im Tiber ausgesetzt. Hochwasser schwemmt den Korb mit den Kindern ans Ufer, wo eine Wölfin (das Tier des Mars) sie säugt. Ein Hirte des Amulius, Faustulus, findet die Zwillinge, er und seine Frau Acca Larentia ziehen sie groß. Als Erwachsene stellen sie fest, dass sie königliche Erben sind, verjagen Amulius und setzen ihren Großvater Numitor als König wieder ein.
Am Tiber, dort wo man sie ausgesetzt hatte, wollen sie eine neue Stadt bauen. Wer jedoch regieren soll, ist ein strittiges Thema zwischen den beiden, denn sie sind ja gleich alt. Durch eine Vogelschau sollte der Streit entschieden werden, diese fällt jedoch recht zweideutig aus. Romulus beginnt dennoch mit dem Bau der Stadtmauern; sein Bruder ist zornig und reizt Romulus zur Weißglut, indem er ihn und seine kümmerlichen Mauern verspottet und diese einfach überspringt. Im Zorn erschlägt Romulus Remus. Die Stadt wird nach Romulus, dem Gründer und ersten Herrscher, Rom(a) genannt. (Datum der Stadtgründung nach der Sage: 753 v. Chr.)

b) Die Wölfin ist ein Tier des Gottes Mars. Dass sie der Sage nach seine Söhne rettet, soll sicherlich ihre göttliche Herkunft unterstreichen. Evtl. wurde also im Laufe der Zeit aus *lupa*, der Prostituierten, einfach eine Wölfin, weil der Begriff zweideutig war und man so die Besonderheit der Zwillinge hervorheben konnte.
Möglich wäre aber auch, dass sich hier einfach zwei verschiedene Mythen mischen, die ursprünglich gar nichts miteinander zu tun hatten, also genauso, wie es Gellius beschreibt.

Übersetzung

Über Acca Larentia
Der Name der Acca Larentia ist in den alten Jahrbüchern häufig genannt. Sie soll nach ihrem Tod, obwohl sie Prostituierte gewesen war und aus diesem Gewerbe reichlich Geld verdient hatte, vom römischen Volk höchste Ehrungen erhalten haben. Da/Nachdem sie durch ihr Testament, wie im Geschichtswerk des Antias geschrieben wurde, den König Romulus oder, wie gewisse andere jedoch überlieferten, das römische Volk zum Erben ihrer Güter gemacht hatte, wird ihr jedes Jahr vom Priester des Romulus öffentlich ein Opfer dargebracht.
Aber Sabinus Masurius sagt, dass Acca Larentia die Amme des Romulus gewesen sei. Da/Nachdem diese Frau einen von zwölf Söhnen durch den Tod verloren hatte, soll Romulus sich anstelle von jenem der Acca als Sohn gegeben haben und sich und die anderen ihrer Söhne „Arvalbrüder" genannt haben. Seit dieser Zeit blieb ein Kollegium von zwölf Arvalbrüdern, eine Priesterschaft, deren Zeichen ein Kornährenkranz und weiße Wollbinden ist.

7 Die Tochter des Piraten – Gesta Romanorum

1. **salv-are:** verwandt mit **salvus, -a, -um** – *heil, gerettet* → *retten* (klassisch würde man **servare** erwarten); **de-pauperatus:** verwandt mit **pauper, -eris** – *arm* → *verarmen*; **an-nihil-are:** verwandt mit **nihil** – *nichts* → *vernichten*

2. a) Besonderheit: Anstatt eines Partizips steht beim **nominalen Ablativus absolutus** ein Nomen (Adjektiv oder Substantiv) im Ablativ.
patre vivo – *zu Lebzeiten des Vaters*; **Caesare duce** – *unter der Führung Cäsars*; **filio auctore** – *auf Veranlassung des Sohnes*; **vobis invitis** – *gegen euren Willen*
b) **ipso ignaro** – *ohne sein Wissen* (das des Vaters)

3. Für die Übersetzung siehe Folgeseite.
a) Der Vater reagiert für heutige Verhältnisse etwas seltsam: Erst zahlt er das Lösegeld nicht und lässt seinen Sohn im Kerker schmachten und dann ist er der Retterin seines Sohnes keineswegs dankbar, sondern greift sie an. Vielleicht aus einem Schuldgefühl heraus und um von sich selbst abzulenken? Nachvollziehbar ist vielleicht der Gedanke, dass jemand, der einmal betrogen hat, dies auch wieder tun wird.

4. a) ❶ Konjunktiv Imperfekt; ❷ Konjunktiv Plusquamperfekt; ❸ Konditional
b) ❶ *Die Tochter des Piraten sagte zum jungen Mann: „Wenn ich dich retten würde, wäre mein Vater zornig."* (Irr. d. Gegenwart) ❷ *Wenn die Piratentochter den jungen Mann nicht gerettet hätte, wäre er gestorben.* (Irr. d. Vergangenheit) ❸ *Wenn der junge Mann seinem Vater gehorchen würde, würde er die Piratentochter nicht heiraten.* (Irr. d. Gegenwart)

ISBN 978-3-12-667011-1

5. **Pro qua liberatione ... perdidit, quae pro tua redemptione <u>habuisset</u>** (Irr. d. Vergangenheit). – *Wegen dieser Befreiung hat ihr Vater viel* (Geld) *verloren, das er für deine Auslösung gehabt hätte.*
Si pater meus ... <u>accepisset</u> (Irr. d. Vergangenheit), **non multum ... ditior <u>esset</u>** (Irr. d. Gegenwart), **tu autem depauperatus <u>esses</u>** (Irr. d. Gegenwart). – *Wenn mein Vater für ihn Lösegeld bekommen hätte, wäre er deswegen nicht viel reicher, du jedoch wärest verarmt.*

6. **Pronomina:**

Stelle	Kommentar
ipso ignaro	**ipse** hat hier abgeschwächte Bedeutung, klassisch würde man eo/illo/patre ignaro erwarten
Puella audiens istas rationes ...	Formen von **iste** würde man eher in einem Dialog oder einer Rede (Demonstrativpronomen der 2. Person) erwarten; auch der verächtliche Beigeschmack, der im Satz **Ista licet te liberavit ...** gut passt, ergibt hier keinen Sinn. Im klassischen Latein würde man also eher **illas/eas rationes** erwarten.
... quod ipsum liberavi.	**ipse** hat hier abgeschwächte Bedeutung, klassisch würde man **eum** erwarten.

quod-Sätze:

Stelle	Kommentar
Probo tibi, quod non potes in eam confidere ...	**Probare** – beweisen steht im klassischen Latein mit AcI: **Probo ... te non in eam confidere posse.**
... dicis, quod ego decepi patrem meum proprium, respondeo, quod non est verum.	Anstelle **dicere quod** würde klassisch **dicere** + AcI stehen: dicis me decepisse patrem ...; auch nach **respondere** würde man einen AcI erwarten: **respondeo hoc verum non esse.**
Sed pater meus tam locuples est, quod alicuius auxilio non indiget.	Signalwort im Hauptsatz für einen Konsekutivsatz ist **tam**: Dieser wird hier mit **quod** anstatt mit **ut** eingeleitet, und das Prädikat **indiget** steht im Indikativ und nicht im Konjunktiv. Die klassische Version wäre: **Pater tam locuples est, ut auxilio non indigeat.**
... quando dicis, quod ego ex libidine hoc feci, ...	**dicere** + **quod** anstatt mit AcI; klassisch: **dicis me ex libidine hoc fecisse**
Ergo sola pietas me movebat, quod ipsum liberavi.	Die klassische Version wäre entweder eine Infinitivkonstruktion oder ein Konsekutivsatz mit **ut** + Konj.: **liberare/ut ... liberarem.**

7. Anfang und Ende der Geschichte klingen ganz nach einem Märchen: *Es war einmal ein König ... / Der Sohn heiratete sie also mit großer Festlichkeit und lebte in Frieden bis an sein Ende.* Dafür spricht auch, dass die Geschichte von einem Königssohn handelt, der von der guten Piratentochter befreit wird und diese dann heiratet – ein typisches Märchen-Setting.

Übersetzung

„Mein Sohn, ich beweise dir, dass du dich nicht auf sie verlassen und sie deshalb auf keinen Fall heiraten kannst. Sie hat ihren eigenen Vater betrogen, als sie dich ohne sein Wissen aus dem Kerker befreit hat. Wegen dieser Befreiung hat ihr Vater viel (Geld) verloren, das er für deine Auslöung gehabt hätte. Es gibt noch einen weiteren Grund. Mag sie dich auch befreit haben, das war (jedoch) wegen ihres Verlangens, dass sie dich zum Mann haben könnte."
Als das Mädchen diese Argumente hörte, sagte sie: „Auf den ersten Grund, wenn du behauptest, dass ich meinen eigenen Vater betrogen hätte, antworte ich, dass es nicht wahr ist. Nur der wird betrogen, der um irgendein Gut gebracht wird. Aber mein Vater ist so reich, dass er von niemandem Hilfe benötigt. Wenn mein Vater für ihn Lösegeld bekommen hätte, wäre er deswegen nicht viel reicher, du jedoch wärest verarmt. Dich habe ich also gerettet, da du das Lösegeld nicht gegeben hast, und meinem Vater habe ich kein Unrecht getan. Auf den anderen Grund, wenn du behauptest, dass ich dies aus Begierde getan habe, antworte ich: Das kann auf keine Weise geschehen, weil die Begierde entweder wegen Schönheit oder Reichtum oder Stärke entsteht (*wörtl.* ist). Aber dein Sohn hatte nichts von diesen (Eigenschaften), weil seine Schönheit durch den Kerker vernichtet worden ist; er war nicht reich, da er nicht hatte, woher er sich selbst freikaufen konnte; er war nicht stark, da er seine Stärke im Kerker verloren hatte. Also hat mich einzig Mitleid dazu bewegt, ihn zu befreien."
Als der Vater dies hörte, konnte er den Sohn nicht weiter beschuldigen. Der Sohn heiratete sie also mit großer Festlichkeit und lebte in Frieden bis an sein Ende.

ISBN 978-3-12-667011-1

8 Amor und Psyche – Apuleius

1. a) Abl. instrumentalis, Abl. des Mittels „wodurch“ – *sie wird von vielen Gefühlen hin- und hergerissen;*
   b) Abl. limitationis/respectus, Abl. der Beziehung „in welcher Hinsicht“ – *sie wird hinsichtlich ihrer Kräfte gestärkt / ihr wachsen (neue) Kräfte;*
   c) Gen. obiectivus – *sie fällt in Liebe zu Amor / sie verliebt sich in Amor;*
   d) Abl. instrumentalis, Abl. des Mittels „wodurch“ – *ihr Geschlecht wandelt sich durch ihren Mut;*
   e) Abl. instrumentalis, Abl. des Mittels „wodurch“ – *die Geheimnisse des Lagers wurden durch das Licht erhellt;*
   f) Gen. partitivus – *sie sah das sanfteste und süßeste aller wilden Tiere*

2. a) ❶ Ablativus absolutus; ❷ Adverbial; ❸ Prädikat; ❹ Subjekt; ❺ allen; ❻ Kasus; ❼ Numerus; ❽ Genus; ❾ satzwertige; ❿ Gleichzeitigkeit; ⓫ Vorzeitigkeit ⓬ Nachdem das Eisen ihren Händen entglitten war, flog es davon. (PC im Nom. Sg. n, VZ) ⓭ Nachdem das Eisen ihren Händen entglitten war, sank Psyche auf die Knie. (Abl. abs., VZ) ⓮ Psyche ergriff sofort den rechten Unterschenkel des Gottes, als er sich erhob, mit ihren Händen. (PC im Gen. Sg. m, GZ)

   b) ❶ kausal; ❷ „da, weil“; ❸ konzessiv; ❹ „obwohl“; ❺ modal ❻ Obwohl sie den rechten Unterschenkel des Gottes sofort ergreift, gleitet sie schließlich müde herab. (PC im Nom. Sg. f, GZ, konzessiv) ❼ Da Psyche von ihren Schwestern aufgehetzt worden war, holte sie die Lampe hervor. (PC im Nom. Sg. f, VZ, kausal) ❽ Während jene den wohlgestalteten Cupido betrachtete, ergoss die Öllampe einen Tropfen des glühend heißen Öls über den Gott. (Abl. abs., GZ, temporal)

3. a) **relicta:** PPP von relinquere, Nom. Sg. f, Bezugswort: Psyche; **statuto:** PPP von statuere, Abl. Sg. n, Bezugswort: consilio; **obstinato:** PPP von obstinare, Abl. Sg. m, Bezugswort: animo; **prolata:** PPP von proferre, Abl. Sg. f, Bezugswort: lucerna; **arrepta:** PPP von arripere, Abl. Sg. f, Bezugswort: novacula; **cubantem:** PPA von cubare, Akk. Sg. m; Bezugswort: Cupidinem formonsum deum; **deterrita:** PPP von deterrere, Nom. Sg. f, Bezugswort: Psyche; **defecta:** PPP von deficere, Nom. Sg. f, Bezugswort: Psyche; **depromens:** PPA von depromere, Nom. Sg. f, Bezugswort: Subjekt d. Satzes „sie“ (Psyche); **ferventis:** PPA von fervere, Gen. Sg. n, Bezugswort: olei; **inustus:** PPP von inurere, Nom. Sg. m, Bezugswort: deus; **detecta:** PPP von detegere, Abl. Sg. f, Bezugswort: fide

   b) **Abl. abs.:**
   quamvis statuto consilio et obstinato animo – *obwohl sie den Plan gefasst hat und ihr Geist fest entschlossen ist* (VZ, konzessiv: quamvis/tamen im HS!); et prolata lucerna et arrepta novacula – *nachdem sie sowohl eine Öllampe hervorgeholt als auch ein scharfes Messer an sich gerissen hat* (VZ, temporal); detectaque fide – *da sein Vertrauen verraten worden war* (VZ, kausal)

   PC: Psyche relicta sola – *Psyche, nachdem sie allein zurückgelassen worden war* (VZ, temporal)
   Psyche, tanto aspectu deterrita – *Psyche, da sie von einem solchen Anblick sehr erschreckt war* (VZ, kausal)
   unam de pharetra sagittam depromens – *als sie einen Pfeil aus dem Köcher herausnahm* (GZ, temporal)
   sic inustus – *da/nachdem er so versengt worden war* (VZ, kausal/temporal)
   Attributives Partizip:
   vidit ipsum illum Cupidinem formonsum deum cubantem – *sie sah jenen wohlgestalteten, schlafenden Gott Cupido selbst* (GZ)

   c) Partizip als Adjektiv verwendet:
   defecta tremensque – *geschwächt und zitternd;* stillam ferventis olei – *einen Tropfen des glühend heißen Öls;* tacitus avolavit – *er flog ohne Worte/ohne etwas zu sagen davon*

4. **Asyndeton und Antithese:** Der Erzählstil wird dadurch verknappt, gewinnt an Geschwindigkeit und das ständige Hin und Her Psyches kommt so gut zum Ausdruck.

5. So geht die Geschichte bei Apuleius aus:
   Psyche, von Amor verlassen, flüchtet, bekommt von anderen Göttern/Göttinnen jedoch zunächst keine Hilfe. Schließlich gerät sie in die Fänge von Venus, die ihr lauter unerfüllbare Aufgaben stellt. Hierbei erfährt sie vielerlei Hilfe von Ameisen, sprechendem Schilfrohr etc. Bei der letzten und schwierigsten Aufgabe eilt ihr jedoch Amor, der sich inzwischen von seiner Verbrennung erholt hat und sie immer noch liebt, zur Rettung. Um seine Probleme mit Venus zu lösen, bittet er Jupiter um Hilfe. Der oberste Gott hat Nachsicht und macht Psyche unsterblich, so dass sie heiraten können. Psyche bekommt eine wunderschöne Tochter mit dem Namen Voluptas (Lust).

ISBN 978-3-12-667011-1

Übersetzung

Allein gelassen/Nachdem Psyche alleine zurückgelassen worden war, schwankt sie dennoch unschlüssig, obwohl sie den Plan gefasst hat und ihr Geist fest entschlossen ist, und wird von vielen Gefühlen hin- und hergerissen. Sie beeilt sich, sie verzögert, sie wagt, sie schwankt, sie misstraut, sie zürnt und, was das Schlimmste ist, sie hasst im gleichen Körper die Bestie und liebt den Ehemann.
Nacht war es und der Ehemann war da, der in tiefen Schlaf gesunken war. Da wird Psyche, sonst schwach sowohl an Körper als auch an Seele, hinsichtlich ihrer Kräfte gestärkt: Nachdem sie sowohl eine Öllampe hervorgeholt als auch ein scharfes Messer an sich gerissen hat, wird durch ihren Mut ihr Geschlecht verwandelt.
Aber sobald die Geheimnisse des Liebeslagers vom Licht erhellt wurden, sah sie das sanfteste und süßeste aller wilden Tiere, jenen wohlgestalteten, schlafenden Gott Cupido selbst. Psyche jedoch, von einem solchen Anblick sehr erschreckt und ihrer Sinne nicht mächtig, sank entkräftet und zitternd auf die Knie und sucht das Eisen zu verbergen, aber in ihrer Brust. Während sie immer wieder die Schönheit des göttlichen Gesichtes betrachtet, erholt sie sich (*wörtl.* ihr Geist).
Vor den Füßen des Bettes lagen der Bogen, der Köcher und die Pfeile, die Wurfgeschosse des großen Gottes. Als sie einen Pfeil aus dem Köcher herausnahm, stach sie sich und verliebte sich in Amor.
Doch jene Öllampe ergoss einen Tropfen des glühend heißen Öls über die rechte Schulter des Gottes. So versengt, sprang der Gott auf und flog sofort, da sein Vertrauen verraten worden war, wortlos aus den Küssen und Händen seiner todunglücklichen Gattin davon.

9 Der Fuchs und der Ziegenbock – Phaedrus

1. **sit-ire** < sitis, -is f – *Durst → dürsten*; **copi-osus** < copia, -ae f – *Überfluss, Menge → reichlich*; **boni-tas** < bonus, -a, -um – *gut → gute Qualität, Vorzüglichkeit*; **sati-are** < satis – *genug, hinreichend → ausreichen, befriedigen*; **barba-tus** < barba, -ae f – *Bart → bärtig, der Bärtige*

2. ❶ malo: Dat. incommodi/des Nachteils („für wen zum Nachteil?") – *Der Mensch versucht zum Schaden eines anderen einen Ausweg zu finden.* ❷ alteriore margine: Abl. instrumentalis/des Mittels („wodurch?") – *Der Fuchs wird durch einen allzu hohen Rand eingeschlossen.* ❸ puteo: Abl. separativus/der Trennung („woher?, wovon?") – *Der Fuchs entkam aus dem Brunnen.* ❹ vado: Abl. loci/des Ortes („wo?") – *Er ließ den Ziegenbock zurück, der im Wasser feststeckte.*

3. a) ❶ Konjunktiv; ❷ Konjunktiv Präsens; ❸ Konjunktiv Perfekt; ❹ Konjunktiv Imperfekt; ❺ Konjunktiv Plusquamperfekt; ❻ Satzfragen; ❼ utrum/-ne ❽ an – ob ... oder

   b) ❶ Hircus rogat, quid vulpecula faciat. – *Der Ziegenbock fragt, was das Füchslein mache.*
   ❷ Hircus rogat, sitne/an sit bona aqua. – *Der Ziegenbock fragt, ob das Wasser gut sei.*
   ❸ Vulpes interrogavit, cur hircus non descenderet. – *Der Fuchs fragte, warum der Ziegenbock nicht herabsteige.*

   c) **Simul rogavit, esset an dulcis liquor et copiosus:** ind. Satzfrage, esset: Konj. Imperfekt (GZ zu rogavit) – *Sogleich fragte er, ob das Wasser süß und reichlich sei.*

4. **Homo in periclum simulac venit callidus** (Temporalsatz, simulac – sobald; VZ: Ind. Perfekt) – *Sobald ein schlauer Mann in Gefahr geraten ist*
   Cum decidisset vulpes in puteum inscia et altiore clauderetur margine (Temporalsatz mit cum historicum – als, nachdem; VZ: Konj. Plusquamperfekt; GZ: Konj. Imperfekt) – *Als ein Fuchs ahnungslos in einen Brunnen gefallen war und von einem allzu hohen Rand eingeschlossen wurde*
   voluptas ut satiari non possit mea (Konsekutivsatz, Signalwort im HS: tanta, GZ: Konj. Präs.) – *(so) dass meine Begierde kaum gestellt werden kann*

5. Homo ín perículum símulac vénit cállidús,
   ∪ – | ∪ – | – ∪ ∪ | – – | – – | ∪ ∪
   Reperíre effúgium quáerit álteriús maló.
   ∪ ∪ – | – ∪ ∪ | – – | ∪ ∪ ∪ | ∪ – | ∪ –

   metrische Besonderheit: Elision (hom~~o~~ in, reperir~~e~~ effugium)

ISBN 978-3-12-667011-1

6. Die Geschichte ist in Versen (jambischer Senar) geschrieben; es handeln Tiere mit menschlichen Eigenschaften: sie sprechen, überlisten sich etc. Der Fuchs ist schlau, der Ziegenbock etwas dumm und zu vertrauensselig. Die Moral / Lebensweisheit: Der Mensch ist nur auf seinen Vorteil bedacht, deswegen ist Vertrauen so eine Sache (gemäß dem Ausspruch: Trau, schau wem!). Die Einleitung bildet das Promythion.

Übersetzung

Sobald ein schlauer Mann in Gefahr geraten ist, versucht er zum Schaden eines anderen einen Ausweg zu finden. Als ein Fuchs ahnungslos in einen Brunnen gefallen und durch den allzu hohen Rand eingeschlossen war, kam ein dürstender Ziegenbock an denselben Ort. Sogleich fragte er, ob das Wasser süß und reichlich sei; jener plante einen Betrug (und sagte): „Steige herab, Freund! Das Wasser ist so gut (*wörtl.* die Güte des Wassers ist so groß), dass meine Begierde kaum gestillt werden kann." Der Bärtige ließ sich hinein. Da entkam das Füchslein aus dem Brunnen, indem/nachdem es sich auf die hohen Hörner gestützt hatte, und ließ den Ziegenbock zurück, der im verschlossenen Wasser feststeckte.

M2 Methodentraining 2: Satzanalyse 1 – Einrückmethode

1.

<table>
<tr><th>Haupsatz</th><th>Gliedsatz 1</th><th>Gliedsatz 2</th></tr>
<tr><td></td><td>Si verum est,
(Konditionalsatz)</td><td></td></tr>
<tr><td></td><td></td><td>quod nemo dubitat,
(Relativsatz: verum ... quod)</td></tr>
<tr><td></td><td></td><td>ut populus Romanus omnes gentes virtute superaverit,
(Explikativsatz)</td></tr>
<tr><td>non est infitiandum Hannibalem tanto praestitisse ceteros imperatores prudentia,</td><td></td><td></td></tr>
<tr><td></td><td>quanto populus Romanus antecedat fortitudine cunctas nationes.
(Komparativsatz: tanto … quanto)</td><td></td></tr>
<tr><td colspan="3">Wenn es wahr ist, was niemand bezweifelt, dass das römische Volk alle Völker an Tapferkeit übertrifft, ist es nicht zu leugnen, dass Hannibal die übrigen Feldherren an Klugheit um so viel übertraf, wie das römische Volk alle Völker an Tapferkeit übertrifft.</td></tr>
</table>

2.

<table>
<tr><th>Hauptsatz</th><th>Gliedsatz 1</th><th>Gliedsatz 2</th></tr>
<tr><td>Circa Alexandrum erat et Phrygum turba et Macedonum, illa exspectatione suspensa, haec sollicita ex temeraria regis fiducia, quippe series vinculorum ita adstricta erat,</td><td></td><td></td></tr>
<tr><td></td><td>ut,</td><td></td></tr>
<tr><td></td><td></td><td>unde nexus inciperet quove se conderet,
(abhängiger Fragesatz)</td></tr>
<tr><td></td><td>nec ratione nec visu perspici posset.
(Konsekutivsatz: ita … ut)</td><td></td></tr>
<tr><td colspan="3">Um Alexander herum war sowohl eine Menge von Phrygiern als auch von Makedoniern, jene in gespannter Erwartung, diese beunruhigt wegen des tollkühnen Vertrauens ihres Königs, denn die Knotenreihe war so straff gezogen, dass man weder durch Überlegen noch durch (genaues Hin-)Sehen erkennen konnte, wo die Verknüpfung begann oder wo sie endete (wörtl. sich verbarg).</td></tr>
</table>

ISBN 978-3-12-667011-1

3.

Hauptsatz	Gliedsatz 1	Gliedsatz 2	
Karolus magnus exercebatur assidue equitando ac venando,	**quarum** artium Franci **adeo** periti sunt, *(Relativsatz)*	**ut** vix ulla in terris natio inveniri possit, *(Konsekutivsatz,* adeo … ut*)*	**quae** in his eos aequet. *(Relativsatz:* natio ... quae*)*
Karl der Große übte sich ständig durch Reiten und Jagen, Künste, in denen die Franken so erfahren waren, dass kaum ein Volk auf Erden gefunden werden kann, das ihnen darin gleichkommt.			

10 Schlechte Gastgeber – M. Valerius Martialis

1. Das Epigramm, ursprünglich eine Aufschrift/Inschrift auf Gebäuden, Geschenken, Grabmälern oder Standbildern in metrischer Form, entwickelte sich als literarische Gattung in Griechenland (4. v. Chr.), später auch in Rom. Typisch ist die spöttisch-satirische Absicht, die prägnante Formulierung und scharfe Pointierung. Vor allem Martial entwickelte das Epigramm zu einer kurzen Satire in Gedichtform mit einer überraschenden Wendung oder treffenden Pointe am Schluss.
   Das für Epigramme typische Versschema ist das elegische Distichon: Auf einen daktylischen Hexameter folgt ein daktylischer Pentameter.

2. a) Turba spectante (Abl. abs., GZ, temporal) vocata (attribut. Partizip): *Während die eingeladene Gruppe zuschaut…* b) te recitante (Abl. abs., GZ, temporal): *Wenn/Während du vorliest…*

3. ❶ Präsens; ❷ (ach) wenn doch (nicht); ich wollte, dass (nicht); hoffentlich (nicht); ❸ Imperfekt; ❹ Plusquamperfekt; ❺ Möge der Wein gut sein!/Hoffentlich ist der Wein gut! ❻ Wenn Ligurinus doch gute Gedichte schriebe! ❼ Hätte Caecilianus uns doch gute Speisen vorgesetzt!

4. a) erfüllbar gedachter Wunsch der Gegenwart: Boletum, qualem Claudius edit, edas. – *Einen Pilz, wie ihn Claudius aß, mögest du essen.*
   b) Nach Verben des Wünschens und Wollens kann bei verschiedenen Subjekten statt AcI auch der einfache Konjunktiv stehen (nolo ponas): Nolo mihi ponas rhombos mullumve bilibrem … – *Ich will nicht, dass du mir Steinbutte oder eine zwei Pfund schwere Meerbarbe vorsetzt …*

5. a) falsch (es steht immer Konjunktiv); b) richtig (Tempus und Modus in der indirekten Frage richten sich nach der Consecutio temporum; nach einem Vergangenheitstempus steht also bei GZ Konj. Imperfekt, bei VZ Konj. Plusquamperfekt); c) falsch (siehe b); d) richtig

6. a) ind. Satzfrage, VZ (Konj. Perfekt zu Ind. Präsens im HS): Fugerit an Phoebus mensas cenamque Thyestae, ignoro. – *Ob Phöbus vor den Tischen und dem Essen des Thyestes flüchtete, weiß ich nicht.*
   b) Fugitne Phoebus mensas cenamque Thyestae? – *Ist Phöbus vor den Tischen und dem Essen des Thyestes geflüchtet?*

7. Im ersten Epigramm frisst der Gastgeber alleine die Spezialitäten auf, ohne seinen Gästen davon anzubieten (Gier - ***voras*** und Geiz - **solus** des Gastgebers werden kritisiert), im zweiten werden die Gäste zwar mit allen Köstlichkeiten verwöhnt, müssen sich aber im Gegenzug schlechte Gedichte anhören (mangelnde Selbstkritik des Gastgebers oder schamloses Ausnutzen der Situation, um sich selbst gut darzustellen).

ISBN 978-3-12-667011-1

8. Dic mihi, quis furor est? Turba spectante vocata
   - ∪ ∪ | - ∪ ∪ | - - | - - | - ∪ ∪ | - - (Zäsur nach *est*)
   solus boletos, Caeciliane, voras.
   - - | - - | - || - ∪ ∪ | - ∪ ∪ | -
   Quid dignum tanto tibi ventre gulaque precabor?
   - - | - - | - ∪ ∪ | - ∪ ∪ | - ∪ ∪ | - ∪
   Boletum, qualem Claudius edit, edas.
   - - | - - |- || - ∪ ∪ | - ∪ ∪ | - (Zäsur nach *boletum*)

Übersetzung

Sag mir, was ist das für ein Irrsinn? Während die eingeladene Gruppe zuschaut,
frisst du, Caecilianus, als einziger die Pilze.
Was werde ich dir wünschen, das einem so großen Magen und Rachen angemessen ist?
Einen Pilz, wie ihn Claudius aß, mögest du essen.

Ob Phöbus vor den Tischen und dem Essen des Thyestes flüchtete,
weiß ich nicht: Wir (jedenfalls) flüchten vor deinem, Ligurinus.
Es ist zwar ansehnlich und mit hervorragenden Speisen versehen,
aber, wenn du vorliest, schmeckt überhaupt nichts.
Ich will nicht, dass du mir Steinbutte oder eine zwei Pfund schwere Meerbarbe vorsetzt,
und ich will keine Pilze, Austern will ich nicht (– ich will nur): Sei (einfach nur) still.

11 In den Thermen – Lucius Annaeus Seneca

1. a) **plumbo**: Abl. instrumentalis (des Mittels); Der Abl. instrument. bezeichnet Mittel und Werkzeug (Frage: „womit?", „wodurch?"). b) **in balneo**: Abl. loci (des Ortes); Der Abl. loci gibt den Ort an (Frage: „wo?"). c) **cum ingenti sono**: Abl. sociativus/comitativus (der Begleitung); Der Abl. soc./com. drückt eine Begleitung aus (Frage: „mit wem/was zusammen?"). d) **convicio**: Abl. als Objekt (carere + Abl.); e) **ex hoc loco**: Abl. separativus (der Trennung); Der Abl. sep. bezeichnet Ausgangspunkt und Herkunft (Frage: „woher?", „von wo?").

2. quae (Nom. Pl. n, Bezugswort: omnia genera) in odium possunt aures adducere; quae (Nom. Sg. f, Bezugswort: manus) ita sonum mutat; cui (Dat. Sg. m; Bezugswort: illum) vox sua in balneo placet; qui (Nom. Pl. m, Bezugswort: eos) in piscinam cum ingenti sono saliunt; qui (Nom. Pl. m, Bezugswort: eorum) res suas vendere cupiunt

3. a) **cum + Ind.:** (damals) als, (dann) wenn *(cum temporale)*; (immer) wenn *(cum iterativum)*; als plötzlich *(cum inversivum)*; indem *(cum explicativum)*;
   cum + Konj.: als, nachdem *(cum historicum)*; da, weil *(cum causale)*; obwohl *(cum concessivum)*; während hingegen *(cum adversativum)*
   b) ❶ cum concessivum: *Obwohl Seneca verschiedenartiges Geschrei umtost, kann er einen Brief schreiben.* ❷ cum causale: *Er wohnt über einem Bad, da er sich üben und erproben will.* ❸ cum iterativum oder temporale: *Jedesmal/Immer wenn der Ballspieler hinzukommt, ist's ganz vorbei.* ❹ cum causale: *Er zog von diesem Ort weg, da er sich nicht länger quälen wollte.*

4. cum (cum causale, *da, weil*) supra balneum habitem – *da ich über einem Bad wohne*
   cum (cum temporale, *wenn*) fortiores exercentur et manus plumbo graves iactant, cum (cum temporale, *wenn*) aut laborant aut laborantem imitantur – *wenn die Stärkeren Sport treiben* (wörtl. *sich üben*) *und ihre mit Eisen beschwerten Hände schwingen, wenn sie sich entweder anstrengen oder so tun, als ob sie sich anstrengen würden* (wörtl. *einen, der sich anstrengt, nachahmen*)
   cum (cum adversativum, *während doch/hingegen*) tam facile remedium Ulixes sociis etiam adversus Sirenes invenerit – *während doch Odysseus für seine Gefährten ein so einfaches Heilmittel sogar gegen die Sirenen gefunden hat*

5. Seneca beschreibt einen Sportbereich (Diskuswerfer, Ballspieler), eine Massageabteilung, den Schwimmbereich, zudem wurde Wurst und Süßes verkauft, man konnte also Sport treiben, sich massieren lassen, schwimmen, etwas essen u. v. m.

ISBN 978-3-12-667011-1

An die öffentlichen Bäder waren oft auch Bibliotheken und Museen angeschlossen. Typische – oft prächtig mit Marmor verkleidete und mit Mosaiken und Statuen ausgestattete – Räume einer Therme waren: Umkleideraum *(apodyterium)*, Sportplatz *(palaestra)*, Schwitzbad *(sudatorium)*, Heißbad *(caldarium)*, Warmbad *(tepidarium)*, Kaltbad *(frigidarium)* und Schwimmbad *(natatio)*.
Geheizt wurde im Hypokaust-System: Unter den Fußböden, die auf Ziegelsteinpfeilern errichtet waren, strömte heiße Luft aus zentralen Brennkammern in die Zwischenräume und erwärmte so den Boden und die darüberliegenden Räume.
Gut erhaltene Beispiele sind die Caracalla- und Diokletiansthermen in Rom oder die Kaisertherme in Trier.

6. Seneca will seinen Geist schulen *(exercere/experiri)* und versucht, selbst in diesem unglaublichen Lärm innerlich ruhig zu bleiben („stoische Ruhe") und sich nicht aufzuregen. Das Experiment dient also der Bekämpfung der Leidenschaften.

Übersetzung:

Seneca grüßt seinen Lucilius.
Von allen Seiten umtost mich verschiedenartiges Geschrei, da ich über einem Bad wohne. Stell dir nun alle Arten von Stimmen vor, die (einem) die (eigenen) Ohren verhasst machen können: Wenn die Stärkeren Sport treiben (*wörtl.* sich üben) und ihre mit Bleigewichten beschwerten Hände schwingen, wenn sie sich entweder anstrengen oder so tun, als ob sie sich anstrengen würden (*wörtl.* einen, der sich anstrengt, nachahmen), höre ich ein Stöhnen. Ich höre das Klatschen der Hand des Masseurs, die, je nachdem ob sie flach oder hohl aufkommt, entsprechend ihren Klang verändert. Wenn aber ein Ballspieler dazukommt und beginnt, die Bälle zu zählen, dann ist's ganz aus. Füge nun auch jenen hinzu, dem seine Stimme im Bad gefällt, füge auch die hinzu, die mit einem enormen Geräusch in das Schwimmbecken springen. Außerdem höre ich verschiedene Ausrufe des Wurstmachers, des Zuckerbäckers und von denen, die ihre Dinge zu verkaufen wünschen.
„Bist du etwa aus Eisen oder taub?", wirst du fragen, „Wie bleibt dein Geist inmitten so großen, so verschiedenartigen Geschreis ruhig? Ich beneide dich sicherlich nicht. Ist es denn nicht angenehmer, sich von (jeglichem) Geschrei fernzuhalten?"
Ja, ich gebe es zu; deshalb werde ich von diesem Ort wegziehen. Ich wollte mich (nur) erproben und üben. Aber warum ist es nötig, sich (noch) länger quälen, während doch Odysseus für seine Gefährten ein so einfaches Heilmittel sogar gegen die Sirenen gefunden hat?
Leb wohl!

12 Wagenrennen – C. Plinius Caecilius Secundus

1. ❶ Attribut; ❷ subiectivus; ❸ obiectivus; ❹ den Besitzer; ❺ es ist Aufgabe/Pflicht/Eigenschaft von; ❻ partitivus; ❼ Eigenschaft; ❽ spectatorum (Gen. subiect.): *Die Freude der Zuschauer ist riesig.* ❾ Magistratuum (Gen. poss.): *Es ist Aufgabe der Beamten, Zirkusspiele zu veranstalten.* ❿ novi (Gen. part.): *Was gibt's Neues? Es sind Zirkusspiele.* ⓫ Plinii (Gen. poss.): *Plinius besitzt viele Bücher.* ⓬ agitatorum (Gen. subiect.), victoriae (Gen. obiect.): *Die Hoffnung der Wagenlenker auf Sieg ist groß.* ⓭ magnae doctrinae (Gen. qual.): *Plinius ist ein Mann von großer wissenschaftlicher Bildung.*

2. spectaculi (Gen. subiect.): *die Art des Schauspiels*; virorum (Gen. part.): *tausende von Männern*; equorum/ hominum (Gen. subiect.): *die Schnelligkeit der Pferde oder die Kunstfertigkeit der Menschen*

3. a) Das Bezugswort des Relativpronomens steht im Relativsatz: Circenses erant, quo genere spectaculi … teneor. = Circenses erant, genus spectaculi, quo … teneor. – *Es waren Zirkusspiele, eine Art Schauspiel, die mich nicht einmal geringfügigst fesselt.*
b) Das Prädikat steht im Konjunktiv. → Der Relativsatz hat einen konsekutiven Nebensinn./Zudem ist der Relativsatz mit einer Infinitivkonstruktion verschränkt: … nihil, quod non semel spectavisse sufficiat (als HS würde es heißen: sufficit id semel spectavisse). – *Nichts Neues, nichts Andersartiges, nichts, das einmal gesehen zu haben nicht ausreicht/(von der Art), dass es nicht genügt, es einmal gesehen zu haben.*

4. a) richtig; b) falsch (es steht Konj. Imperf.); c) richtig; d) falsch (es werden mögliche Tatsachen/Handlungen ausgedrückt); e) richtig; f) falsch (Irr./Pot. können auch im HS oder anderen GS stehen)

ISBN 978-3-12-667011-1

5. Si tamen ... traherentur, esset ratio non nulla. (Irr. d. Gegenwart im Konditional- und Hauptsatz) – *Wenn sie nur entweder von der Schnelligkeit der Pferde oder der Kunstfertigkeit der Lenker (wörtl. Menschen) angezogen wären, wäre es (sicherlich) ein Grund.*
   ... si ... transferatur (Pot. der Gegenwart im Konditionalsatz, im HS Fut. I) – ... *falls während des Laufs selbst und mitten im Wettkampf diese Farbe dorthin, jene hierher geschafft werden sollte*

6. Keine gute: Er hält sie für langweilig, sinnlos; er kann die Begeisterung der Massen überhaupt nicht nachvollziehen, denn es sei doch jedes Mal dasselbe. Seine Zeit will er lieber mit Büchern und Studien verbringen.

Übersetzung:

Gaius Plinius grüßt seinen Calvisius.
Diese ganze Zeit habe ich in äußerst angenehmer Ruhe zwischen Schreibtäfelchen und Büchlein verbracht. „Wie konntest du (das)," sagst du, „in der Stadt (tun)?" Es waren Zirkusspiele, eine Art Schauspiel, von der ich nicht einmal geringfügigst gefesselt werde. Nichts Neues, nichts Andersartiges, nichts, das einmal gesehen zu haben nicht ausreicht/(von der Art), dass es nicht genügt, es einmal gesehen zu haben. Umso mehr wundere ich mich, dass so viele Tausende von Männern derart kindisch immer wieder rennende Pferde (und) auf Wagen stehende Menschen sehen wollen.
Wenn sie nur entweder von der Schnelligkeit der Pferde oder der Kunstfertigkeit der Lenker (*wörtl.* Menschen) angezogen wären, wäre es (sicherlich) ein (vernünftiger) Grund; jetzt klatschen sie (nur) einem Trikot Beifall, und falls während des Laufs selbst und mitten im Wettkampf diese Farbe dorthin, jene hierher geschafft werden sollte, dann wird auch ihr Beifall und ihre Gunst mit hinübergehen, und sie werden plötzlich jene Wagenlenker, jene Pferde im Stich lassen, die sie von Weitem erkennen, deren Namen sie laut rufen. So viel Ansehen (liegt) in einer einzigen völlig wertlosen Tunika bei manchen bedeutenden Männern! Wenn ich bedenke, dass diese (Leute) bei einer wertlosen, faden, langweiligen Sache so unersättlich herumsitzen, dann bereitet es mir einiges Vergnügen, dass ich von diesem Vergnügen nicht gefesselt werde. Und so verwende ich in diesen Tagen, die andere mit den müßigsten Beschäftigungen verschwenden, meine Freizeit äußerst gerne auf meine Studien.
Leb wohl!

13 Bei den Spielen – M. Tullius Cicero

1. in-firmi-tas < in-firmus, -a, -um – *schwach („un-stark") → Schwäche*, delecta-tio < delecta-re – *vergnügen, erfreuen → Vergnügen*, ad-mira-tio < ad-mira-ri – *bewundern → Bewunderung*, valens < vale-re – *stark sein, gesund sein → stark, kräftig, gesund*

2. a) fortunae/sapientiae tuae (Gen. poss. + esse): *Das ist mehr ein Zeichen von Zufall als deiner Weisheit.* b) vulgi (Gen. subiect.): *Die Bewunderung des Volkes war groß.* c) delectationis (gen. obiect.): *Ich gebe die Hoffnung auf Vergnügen auf.*

3. a)

Latein	Deutsche Bezeichnung	Funktion	Frage
Dativus commodi	**Dativ des Vorteils/ Interesses**	**bezeichnet eine Person/Sache, zu deren Gunsten etwas geschieht**	**„für wen zum Vorteil?"**
Dativus finalis	**Dativ des Zwecks**	bezeichnet den Zweck oder die Wirkung	**„wozu?"**
Dativus possessivus	Dativ des Besitzes	**bezeichnet Person, der etwas gehört**	**„wem?"**

b) ❶ populo (Dat. comm.)/admirationi (Dat. fin.): *Die Spiele wurden vom Volk bewundert (wörtl. gereichten/waren dem Volk zur Bewunderung).* ❷ Ciceroni (Dat. poss.): *Cicero hat kein Vergnügen daran, wenn ein Mensch von einem wilden Tier zerfleischt wird.* ❸ Marco Mario (Dativobj.): *Die Spiele gefallen Marcus Marius nicht.* ❹ eis (Dat. comm.)/cordi (Dat. fin.): *Die Spiele liegen ihnen nicht am Herzen.*

ISBN 978-3-12-667011-1

4. sed tibi (Dativobj.) non placuissent (– *aber dir hätten sie nicht gefallen*); ... delectationi (Dat. fin.) autem tibi (Dat. comm.) non fuissent (– *dir wären sie nicht zum Vergnügen gewesen* → *dir hätten sie jedoch kein Vergnügen bereitet*); ... sed quae delectatio potest polito homini (Dat. poss.) esse (– *aber welches Vergnügen kann es einem gebildeten Menschen sein/... kann ein gebildeter Mensch daran haben*)

5. placuissent/fuissent: Konj. Plusquamperf. → Irrealis der Vergangenheit

6. a) richtig; b) falsch; c) richtig; d) falsch; e) richtig; f) falsch

7. ... prohibuit (Verb des Abhaltens und Hinderns) te ad ludos venisse (VZ) – *er/sie hat verhindert, dass du zu den Spielen kamst*; laetor (Verb des Fühlens) et te valuisse (VZ) et sapientem esse (GZ) – *ich freue mich sowohl darüber, dass du wohlauf warst, als auch, dass du weise bist*; Spero (Verb des Sagens und Meinens) te tamen ad ludos venturum esse (NZ) nosque visurum esse (NZ) neque per epistulas meas relicturum esse (NZ) spem delectationis tuae. – *Ich hoffe, dass du dennoch zu Spielen kommen und uns besuchen wirst und durch meine Briefe nicht die Hoffnung auf dein Vergnügen aufgeben wirst.*

8. Cicero hält wenig von den öffentlichen Spielen (ist aber offenbar dennoch hingegangen!); diese dienten v. a. dazu, das Volk ohne Bildung zu unterhalten, aber er findet keinerlei Vergnügen an grausamen Spielen oder an schlechtem Schauspiel. Sein Verhältnis zu den Spielen scheint jedoch ambivalent zu sein: Immerhin hält er sich nicht konsequent fern!

Übersetzung

Marcus Cicero grüßt Marcus Marius.
Wenn ein Schmerz deines Körpers oder eine Schwäche deiner Gesundheit verhindert hat, dass du zu den Spielen kamst, ist das eher ein Zeichen von Zufall als deiner Weisheit. Wenn du aber das, was alle anderen bewundern, verachtest und, obwohl du wohlauf warst, dennoch nicht kommen wolltest, freue ich mich sowohl darüber, dass du wohlauf warst, als auch, dass du weise bist. Die Spiele waren, falls du fragst, im Ganzen sehr gut, aber sie hätten dir nicht gefallen: Denn das überaus reich ausgestattete Schauspiel nahm alle Fröhlichkeit! Welches Vergnügen bereiten nämlich 600 Maulesel in einer „Klytaemnestra“? Diese hatten die Bewunderung des Volkes, dir hätten sie jedoch kein Vergnügen bereitet (*wörtl.* wären dir nicht zum Vergnügen gewesen).
Es bleiben die Jagden über fünf Tage, großartig – das leugnet niemand –, aber welches Vergnügen kann ein gebildeter Mensch daran haben (*wörtl.* es einem gebildeten Menschen sein), wenn entweder ein schwacher Mensch von einem überaus starken wilden Tier zerfleischt wird oder wenn ein sehr schönes Tier mit einem Spieß durchbohrt wird? Der letzte Tag war der der Elefanten, an dem die Bewunderung des Volkes um vieles größer war als unser Vergnügen. Dies habe ich dir mit mehr Worten, als ich es gewöhnlich tue, geschrieben. Ich hoffe, dass du dennoch zu Spielen kommen und uns besuchen wirst und durch meine Briefe nicht die Hoffnung auf dein Vergnügen aufgeben wirst.
Leb wohl!

M3 Methodentraining 3: Arbeit mit dem Wörterbuch 1

1. a) ❶ Nom. Sg. (bzw. Pl. bei Pluralwörtern, z. B. insidiae); ❷ Gen. Sg. (bzw. Pl. bei Pluralwörtern, z. B. insidiarum); ❸ Genus; ❹ amīca, -ae f
b) tabella, -ae f – *Brettchen, Täfelchen* → a-Dekl.; vēnātiō, -ōnis f – *Jagd, Tierhetze, Jagdbeute* → 3. Dekl. (kons. Stämme bzw. kons. Dekl.); ēloquium, -ī n – *Beredsamkeit, Sprache* → o-Dekl.; vector, -ōris m – *Lastenträger* → 3. Dekl. (kons. Stämme bzw. kons. Dekl.); crepitus, -ūs m – *Schall, Hall* → u-Dekl.; illuviēs, -ēī f – *Schmutz, Verschmutzung, Überschwemmung* → e-Dekl.

2. a) pulcher (pulcer), -chra, -chrum (Nom. f und n wegen Stammveränderung sowie Nebenform pulcer); vetus, veteris, Abl. -e, Nom. Pl. n -a, Gen. Pl. -um, Komp. vetustior, Sup. veterrimus (Gen. Sg., Kasusendungen, die von der 3. Dekl. abweichen (kons. Stämme!), unregelmäßiger Komparativ/Superlativ); carus 3 (Abk. für dreiendiges Adjektiv der a-/o-Dekl.); celer, -eris, -ere, Abl. -ī, Gen. Pl. -um, Adv. -iter (Nom. f und n, Kasusendungen, die von der 3. Dekl. abweichen, sowie das Adverb); fēlīx, -īcis, Adv. -iter (Gen. Sg. sowie Adverb); brevis, -e, Adv. -iter (Nom. n und Adverb)
b) Die Adjektive der a-/o-Dekl. werden mit einer „3“ gekennzeichnet, es wird nur der Nom. Sg. aufgeführt, es sei denn der Stamm verändert sich, dann werden auch f und n genannt.
Bei den drei- und zweiendigen Adjektiven der 3. Dekl. sind alle drei Genera im Nom. Sg. genannt, bei den

ISBN 978-3-12-667011-1

einendigen wird der Gen. Sg. aufgeführt. Gibt es Abweichungen von den regelmäßigen Kasusendungen oder von der Bildung des Adverbs oder der Steigerungsformen, sind diese zusätzlich angegeben.

3. a) a-Konj.: amō 1. – *lieben*; e-Konj.: moneō 2., -uī, -itum – *ermahnen*; i-Konj.: audiō 4. – *hören*; kons. Konj.: regō 3., rēxī, rēctum; gem. Konj.: capiō 3., cēpī, captum – *fassen*
❶ 1. Pers. Sg.; ❷ Deponentien; ❸ Ziffern; ❹ Stammformen; ❺ a; ❻ i

b) 1. → a-Konj.; 2. → e-Konj.; 3. → kons./gem. Konj. (die nur anhand der 1. Pers. Sg. zu unterscheiden sind: rego/capio!; 4. → i-Konj.

Anmerkung: Manchmal ist die gem. Konj. auch extra gekennzeichnet, z. B. im Stowasser mit „3M".

c) delevimus: 1. Pers. Pl. Ind. Perf. Akt. → dēleō, -lēvī, -lētum 2.; moritur: 3. Pers. Sg. Ind. Präs. des Deponens → morior 3./3M, mortuus sum; quaerens: PPA Nom. Sg. m/f/n → quaerō 3, quaesīvī, quaesītum; volebamus: 1. Pers. Pl. Ind. Imperf. Akt. → volō, velle, voluī (unregelmäßiges Verb!); possitis: 2. Pers. Pl. Konj. Präs. Akt. → possum, posse, potuī (unregelmäßiges Verb!); impulit: 3. Pers. Sg. Ind. Perf. Akt. → impellō 3., impulī, impulsum

14 Tipps für das Verfassen von Liebesbriefen – P. Ovidius Naso

1. a) ❶ Potentialis; ❷ Hortativ (Adhortativ); ❸ 3. Pers. Sg./Pl.; ❹ Deliberativ (Dubitativ); ❺ erfüllbaren

b) ❶ faciam (Deliberativ): *Was soll ich tun?* ❷ Scribamus (Hortativ): *Schreiben wir einen Brief an die Mädchen!* ❸ mittat (Iussiv): *Marcus soll einen Brief an Cornelia schicken.* ❹ respondeat (erfüllbar): *Hoffentlich antwortet Cornelia!* ❺ credat (Potentialis): *Cornelia behauptet, dass sie Marcus nicht liebt – wer möchte/könnte das glauben?*

2. Im HS kommt nur der Konj. Präs. vor, der immer eine Aufforderung an die 3. Pers. ausdrückt. Es handelt sich also um lauter Iussive: temptet – *er/sie/es untersuche/soll untersuchen*; eat – *er/sie/es gehe/soll gehen*; ferat – *er/sie/es bringe/trage/soll tragen/bringen*; eat – *er/sie/es gehe/soll gehen*; peraretur – *er/sie/es schreibe/soll schreiben*; exploretque – *er/sie/es erforsche/soll erforschen*; temptet – *er/sie/es erprobe/soll erproben*

3. Hyperbaton: Cera …, rasis infusa; rasis infusa tabellis; tuae primum conscia mentis; Blanditias ferat illa tuas …; imitataque amantem verba; exiguas … adde preces; in tempus … longum; semel est si credita, blandis peraretur littera verbis; non tantum trepidos ut tueare reos
Alliteration: Ergo eat et …; non tantum trepidos ut tueare reos
Anapher: Cera vadum temptet, …: Cera tuae …

Chiasmus: iudexque – gravis / lectusque – senatus (über Kreuz: iudexque ↔ senatus, lectusque ↔ gravis)

Parallelismus: credibilis – sermo / consuetaque – verba (über Kreuz verbunden: credibilis ↔ verba, consuetaque ↔ sermo)

4. a)

Bedeutung	wie	**damit, dass**	(so)dass	sobald
Gliedsatzart	Komparativsatz	Finalsatz	**Konsekutivsatz**	**Temporalsatz**
Modus	**Indikativ**	**Konjunktiv**	**Konjunktiv**	Indikativ

b) promittas (ut) facito (Finalsatz): *sieh zu, dass du (viel) versprichst*; non tantum trepidos ut tueare reos (Finalsatz): *damit du nicht nur deine zitternden Angeklagten schützt*; praesens ut videare loqui (Konsekutivsatz): *sodass du persönlich* (wörtl. *als Anwesender*) (*mit ihr*) *zu sprechen scheinst.*

5. Cera vadum temptet, rasis infusa tabellis:
– ∪ ∪ ∪ | – – | – – | – – | – ∪ ∪ | – –
Cera tuae primum conscia mentis eat.
– ∪ ∪ | – – | – || – ∪ ∪ | – ∪ ∪ | ∪
Blanditias ferat illa tuas imitataque amantem
– ∪ ∪ | – ∪ ∪ | – ∪ ∪ | – ∪ ∪ | – ∪ ∪ | – ∪
verba, nec exiguas, quisquis es, adde preces.
– ∪ ∪ | – ∪ ∪ | – || – ∪ ∪ | – ∪ ∪ | –
Promittas facito: Quid enim promittere laedit?
– – | – ∪ ∪ | – ∪ ∪ | – – | – ∪ ∪ | – ∪
Pollicitis dives quilibet esse potest.
– ∪ ∪ | – – | – || – ∪ ∪ | – ∪ ∪ | – –

ISBN 978-3-12-667011-1

6. Die sieben freien Künste waren Inhalte der höheren Allgemeinbildung. Sie umfassten in der Antike Arithmetik, Geometrie, Astronomie und Musik, die in der Spätantike zum sogenannten Quadrivium zusammengefasst wurden, und Grammatik, Rhetorik und Logik oder Dialektik, die später zum sogenannten Trivium zusammengefasst wurden. Ovid bezieht sich hier v. a. auf die sprachliche Ausbildung. Im Mittelalter bereiteten die *artes liberales* auf das Fachstudium der Theologie, Medizin, Jurisprudenz etc. vor.

7. Individuelle Lösung

Übersetzung

Wachs, in geglättete Täfelchen gegossen, soll das unbekannte Gewässer untersuchen:
Ein Wachstäfelchen soll zuerst als Mitwisser deiner Gesinnung/Gefühle hingehen.
Jenes überbringe deine Schmeicheleien und Worte, die einen Liebenden nachahmen,
und füge, wer immer du bist, beträchtliche (*wörtl.* nicht knappe) Bitten hinzu.
Sieh zu dass, du viel versprichst: Denn was schaden Versprechungen? (*wörtl.* du sollst machen, dass du versprichst: Was schadet (es) nämlich, (etwas) zu versprechen?)
Jeder beliebige kann reich an Versprechen sein.
Hoffnung hält, wenn ihr einmal geglaubt wurde, für lange Zeit an:
Sie ist zwar eine trügerische, aber zweckdienliche Göttin.
Ein Brief möge also hingehen und in schmeichelnden Worten geschrieben werden,
er möge sowohl den Sinn (des Mädchens) erforschen als auch als erster den Weg erproben.
Lerne die guten Künste, ich ermahne (dich), römische Jugend,
nicht nur um deine aufgeregte Angeklagten zu schützen.
Wie das Volk und der ehrwürdige Richter und der erlesene Senat
so wird sich das Mädchen durch Beredsamkeit besiegt ergeben.
Deine Rede sei glaubwürdig und deine Worte gewohnt,
dennoch schmeichelnd, sodass du persönlich (*wörtl.* als Anwesender) (mit ihr) zu sprechen scheinst.

15 Hassliebe – C. Valerius Catullus

1. a) Das Perf. wird mit Präs. übersetzt, das Plusquamperf. mit Imperf., das Futur II mit Futur I.
   b) hassen – du hasstest – sie hassen – ich werde hassen – wir würden hassen; gedenke!, erinnere dich! (Imp. II) – du erinnerst dich – er/sie/es erinnerte sich – ich erinnere mich – sie würden sich erinnern

2. a) ❶ Konjunktiv; ❷ Konj. Präs.; ❸ Konj. Perf.; ❹ Konj. Imperf.; ❺ Konj. Plusquamperf.
   b) Quare id faciam … (ind. Wortfrage, faciam: 1. Pers. Sg. Konj. Präs. Akt. → GZ zu Präs. im HS): *Du fragst vielleicht, warum ich das tue.* - Fortasse requiris: „Quare id facis?“

3. Es werden fast nur Verben verwendet. Die vier Verbpaare beziehen sich aufeinander. Die ersten drei Verben drücken zudem eine Antiklimax aus, die letzten drei eine Klimax (der Spannungsbogen sinkt und steigt wieder an):

   odi ↴ amo ↴ faciam ↴ requiris ↔ nescio ↗ fieri ↗ sentio ↗ excrucior

   Weiteres rhet. Stilmittel: chiastisch angeordnete Alliteration (quare id faciam, fortasse requiris)

4. Anapher: Quo signo? Quia sunt
   Ellipse: nisi (me) amat; nisi (eam) amo; Quo signo?
   Epipher: dispeream, nisi amat/amo
   Parallelismus: mi | dicit | semper male
   nec | tacet | umquam de me

ISBN 978-3-12-667011-1

5. Im ersten Gedicht geht es um den inneren Widerstreit von Gefühlen, unter dem der Ich-Erzähler leidet, hin- und hergerissen zwischen emotionalen Extremen: Er hasst seine Freundin (wahrscheinlich weil sie ihn betrogen, verlassen oder verletzt hat), aber er liebt sie (zumindest noch). Er kann sich diesen quälenden Zustand selbst nicht genau erklären.
   Im zweiten Gedicht geht es um den Widerspruch von (äußerem) Verhalten und (inneren) Gefühlen: Lesbia lästert über ihn, aber das tut sie ständig, sie beschäftigt sich also viel mit ihm. Da er dasselbe Verhalten an sich selbst entdeckt (er verwünscht sie, liebt sie aber), kommt er im Umkehrschluss zu der Überzeugung, dass Lesbia ihn (doch noch) liebt.

6. Odi et amo. Quare id faciam, fortasse requiris.
   – ∪∪ | – – | – ∪∪ | – – | – ∪∪ | – ∪ (2x Elision; Zäsur im 2. und 4. Versfuß)
   Nescio, sed fieri sentio et excrucior.
   – ∪∪ | ∪∪ | – || – ∪∪ | – ∪∪ | ∪ (Dihärese nach 1. Versfuß; Elision)

   Lesbia mi dicit semper male nec tacet umquam
   – ∪∪ | – – | – – | – ∪∪ | – ∪∪ | – ∪ (Enjambement zum nächsten Vers)
   de me: Lesbia me, dispeream, nisi amat.
   – – | – ∪∪ | – || – ∪∪ | – ∪∪ | ∪ (Dihärese nach 1. Versfuß; Elision)
   Quo signo? Quia sunt totidem mea: Deprecor illam
   – – | – ∪∪ | – ∪∪ | – ∪∪ | – ∪∪ | – ∪ (Zäsur im 2. Versfuß, Dihärese nach 4. Versfuß, Enjambement)
   assidue, verum dispeream, nisi amo.
   – ∪∪ | – – | – || – ∪∪ | – ∪∪ | – (Zäsur im 2. Versfuß; Elision)

Übersetzung:

Ich hasse und liebe (zugleich). Warum ich das tue, willst du vielleicht wissen.
Ich weiß es nicht, aber ich fühle es geschehen und quäle mich zu Tode.

Lesbia spricht immer schlecht über mich und spricht (doch) ständig
über mich (*wörtl.* schweigt niemals von mir): Ich will tot umfallen, wenn sie mich nicht liebt.
An welchem Zeichen (ich das erkenne)? Weil meine (Zeichen) ebenso viele sind:
Ich verwünsche sie ständig, aber ich will tot umfallen, wenn ich (sie) nicht liebe.

16 Wahre Liebe? – M. Valerius Martialis

1. a) ❶ Satz; ❷ Wort; ❸ Satzfragen; ❹ … an … / utrum … an / -ne … an – … oder …; ❺ Frage-/ Interrogativpronomina; ❻ Interrogativadverbien; ❼ wann; ❽ warum; ❾ wer; ❿ was

Fragepartikel	erwartete Antwort	Übersetzung
-ne	**ja oder nein**	–
num	nein	**etwa**
nonne	**doch**	etwa … nicht

   b) ❶ (Wortfrage, subst. gebrauchtes quem – wen?, Akk. Sg. m/f): *Wen liebt Gemellus?* ❷ (Satzfrage, -ne, Antwort: ja/nein): *Liebt Gemellus Maronilla?* ❸ (Wortfrage, substantivisch gebrauchtes quid – was?): *Was wünscht/ erstrebt Gemellus?* ❹ (Wortfrage, adjektivisch gebrauchtes quam – welche?, Akk. Sg. f.): *Welches Mädchen begehrt Quintus?* ❺ (Satzfrage, num, Antwort: nein): *Fehlen dem Quintus etwa beide Augen?*

2. Adeone pulchra est? (Satzfrage, -ne, Antwort: ja/nein): *Ist sie (denn) so schön?*
   Quid ergo in illa petitur et placet? (Wortfrage, substantivisch gebrauchtes quid – was?): *Was also ist an ihr so erstrebenswert* (wörtl. *wird erstrebt) und gefällt?*
   Quam Thaida? (Wortfrage, adjektivisch gebrauchtes quam – welche?, Akk. Sg. f.): *Welche Thais?*

3. a) Polysyndeton: et … et … et … et

   b) Chiasmus: unum oculum — Thais non habet
   ille — duos

ISBN 978-3-12-667011-1

Klett

4. Petit Gemellus nuptias Maronillae
   ∪ – | ∪ – | ∪ – | ∪ – | ∪ – | – –
   et cupit et instat et precatur et donat.
   – ∪∪ | ∪ – | ∪ – | ∪ – | ∪ – | – ∪
   Adeone pulchra ~~e~~st? Immo foedius nil est.
   ∪ – | ∪ – | – – | ∪ – | ∪ – | – – (Synizese im 1. Versfuß, Aphärese im 3. Versfuß, Zäsur im 3. Versfuß)
   Quid erg~~o~~ in illa petitur et placet? Tussit.
   ∪ – | ∪ – | – ∪∪ | ∪ – | ∪ – | ∪ (Elision im 2. Versfuß, Dihärese nach dem 5. Versfuß)

   „Thaida Quintus amat." „Quam Thaida?" „Thaida luscam."
   – ∪∪ | – ∪∪ | – – | – ∪∪ | – ∪∪ | – ∪ (Zäsur im 3. Versfuß, Dihärese nach dem 4. Versfuß)
   Un~~um~~ oculum Thais non habet, ille duos.
   – ∪∪ | – – | – || – ∪∪ | – ∪∪ | – (Elision im 1. Versfuß)

5. Maronilla ist wahrscheinlich reich, denn sie ist nicht einfach nur erkältet, sondern hat wohl eine schwere Lungenkrankheit. D. h. ihre Lebenserwartung ist nicht mehr allzu hoch. Und mit Blick auf ein baldiges Erbe spielt Gemellus ihr große Liebe vor. Quintus hingegen nimmt Thais' Augenfehler offenbar gar nicht wahr, er ist „blind vor Liebe".

6. Das Epigramm, ursprünglich eine Aufschrift/Inschrift auf Gebäuden, Geschenken, Grabmälern oder Standbildern in metrischer Form, entwickelte sich als literarische Gattung in Griechenland (4. Jh. v. Chr.), später auch in Rom. Typisch ist die spöttisch-satirische Absicht, die prägnante Formulierung und scharfe Pointierung. Vor allem Martial entwickelte das Epigramm zu einer kurzen Satire in Gedichtform mit einer überraschenden Wendung oder treffenden Pointe am Schluss. Das für Epigramme typische Versschema ist das elegische Distichon: Auf einen daktylischen Hexameter folgt ein daktylischer Pentameter.

Übersetzung:
Gemellus wünscht die Ehe mit Maronilla,
er begehrt und bedrängt und bittet und beschenkt (sie).
Ist sie denn so schön? Im Gegenteil, nichts ist hässlicher (als sie).
Was also ist an ihr so erstrebenswert (*wörtl.* wird erstrebt) und gefällt? Sie hustet.

„Quintus liebt Thais." „Welche Thais?" „Die einäugige Thais."
Ein Auge fehlt der Thais, jenem zwei.

17 Heimliches Treffen – Aeneas Sylvius Piccolomini

1. a) Abl. qualitatis drückt eine körperliche oder geistige Eigenschaft aus; Abl. causae bezeichnet den Grund oder die Ursache einer Handlung („weshalb?", „worüber?"); Abl. temporis bezeichnet den Zeitpunkt/-raum („wann?"); Abl. limitationis/respectus gibt an, „in welcher Hinsicht" eine Aussage gilt; Abl. instrumentalis bezeichnet das Mittel, wodurch etwas geschieht („womit?", „wodurch?"); Abl. comparationis steht nach einem Komparativ und drückt einen Vergleich aus.
   ❶ nobilitate, forma aetateque (Abl. limitationis/respectus): *Als Sigismund nach Siena kam, gingen ihm vier Frauen entgegen, beinahe gleich an Vornehmheit, Schönheit und Alter.*
   ❷ nitore (Abl. causae): *Unter ihnen erstrahlte besonders Lucretia aufgrund ihrer Schönheit.*
   ❸ oratione (Abl. comparationis): *Nichts war angenehmer und bescheidener als ihre Redeweise.*
   ❹ illustribus oculis (Abl. qualitatis): *Euryalus, der 32 Jahre alt war, hatte keine große Statur, sondern ein fröhliches und gefälliges Aussehen und strahlende Augen.*

   b) Genitivus qualitatis: duorum et triginta annorum/eminentis staturae/laetae grataeque habitudinis

2. Euryalus amore (Abl. causae) languet – *Euryalus siecht vor Liebe dahin*; abhinc quadriduo (Abl. temporis) – *heute in vier Tagen*; opertusque sacco (Abl. instrumentalis) – *mit einem Sack beladen*; ostro fulgebat et auro (Abl. causae) – *er erstrahlte aufgrund des Purpurs und Goldes (seiner Kleidung)*; dolo (Abl. instrumentalis) virum fallite – *täuscht den Mann mit einer List*
   aber: depositis sordibus (Abl. abs.) – *nachdem er die schmutzige Kleidung abgelegt hatte*

ISBN 978-3-12-667011-1

3. a) ❶ Imperativ I/II; ❷ Präsens; ❸ Hortativ; ❹ Iussiv

   b) Imperativ I Sg.: iuva me – *hilf mir*; vade – *geh*
   Imperativ I Pl.: cavete – *passt auf*; tegite – *verbergt*; fallite – *täuscht*
   Imperativ II: dicito – *du sollst sagen* (2x)
   Iussiv: induat – *er soll anziehen*; ferat – *er soll tragen*; impellat – *er soll klopfen*; ingrediatur – *er soll hereinkommen*

4. a) dicam (Dubitativ/Deliberativ) – *Was soll ich weiter sagen?*

   b) secundent/dent (Optativ/erfüllbar gedachter Wunsch) – *Mögen nur die Götter unsere Schicksale begünstigen und unserer Liebe einen glücklichen Ausgang geben.*

5. Gerundium im Genitiv, **me** ist Akk.Objekt zu **accedendi**: *den einzigen Weg, wie er zu mir gelangen kann* (wörtl. *des zu mir Gelangens*)

6. Tatsächlich geht die Geschichte so weiter: Euryalus versteckt sich unter dem Bett in einer Truhe, in der sich Wertsachen befinden. Just dort will aber Menelaos nach irgendwelchen wichtigen Papieren suchen. Lucretia lenkt ihren Mann mit einer Schatulle am Fenster ab, in der auch wertvolle Dokumente aufgehoben werden. Diese fällt ihr „zufällig" runter auf die Straße, sodass Menelaos erst einmal diese Papiere aufsammeln geht, während Euryalus Zeit hat, sich ein anderes Versteck zu suchen. Es geht also noch einmal glimpflich aus. Dennoch haben die Liebenden keine glückliche Zukunft: Lucretia stirbt letztlich an gebrochenem Herzen und Euryalus wird danach nie mehr glücklich.

Übersetzung

„Du weißt, wie sehr ich vor Liebe brenne", sagt Lucretia. „Diese (Liebes-)Flamme kann ich nicht länger ertragen. Hilf mir, damit wir zusammensein können. Euryalus siecht dahin vor Liebe, und ich sterbe. Geh also und nenne Euryalus den einzigen Weg, wie er zu mir zu gelangen kann. Heute in vier Tagen, wenn die Bauern das Getreide herbeibringen, soll er die Maske eines Lastträgers anziehen und mit einem Sack beladen den Weizen über die Treppe zum Speicher tragen. Du weißt, dass mein Schlafzimmer eine Tür zur Treppe hat, und du sollst Euryalus alles sagen/erklären. Dieser soll, sobald er alleine ist, an die Tür klopfen und zu mir eintreten."
„Ach, welch großer Gefahr hast du dich ausgesetzt!", sprach Lucretia. „Was soll ich weiter sagen? Ich weiß nun schon, dass du mich sehr liebst (*wörtl.* ich dir sehr teuer bin). Mögen nur die Götter unsere Schicksale begünstigen und unserer Liebe einen glücklichen Ausgang geben."
Schon erstrahlte Euryalus, nachdem er die schmutzigen Kleider abgelegt hatte, aufgrund des Purpurs und Goldes (seiner Kleidung) und wollte Lucretia umarmen. Da klopfte Sosias laut an die Tür und sagte: „Passt auf, ihr Liebenden! Menelaos eilt hierher und sucht irgendwelche Dinge. Verbergt eure Heimlichkeiten und täuscht den Mann mit einer List. Es gibt keinen anderen Ausgang (*wörtl.* nichts, wo ihr herauskommen könnt)."

M4 Methodentraining 4: Analyse eines Versmaßes – Regeln der lateinischen Prosodie

1. Hexameter: – ∪∪ | – ∪∪ | – ∪∪ | – ∪∪ | – ∪∪ | – ∪
   elegisches Distichon: – ∪∪ | – ∪∪ | – ∪∪ | – ∪∪ | – ∪∪ | – ∪
   – ∪∪ | – ∪∪ | – ||– ∪∪ | – ∪∪ | ∪
   Hinkjambus: ∪ – | ∪ – | ∪ – | ∪ – | ∪ – | – ∪

2. dīcere – cōnsul – locus – dīves – ratō – fidēs – habēre – probābilis – bonus – homō – āūdīre

3. mālum: Nom./Akk. Sg. von mālum, -ī n – *der/den Apfel*; malum: – Nom./Akk. Sg. von malum, -ī n – *das Übel*/Akk. Sg. m/Nom./Akk. Sg. n von malus, -a, -um – *schlecht*; pāret: 3. Pers. Sg. Ind. Präs. Akt. von pārēre – *er/sie/es gehorcht*; paret: 3. Pers. Sg. Fut. I Akt. von parere – *er/sie/es wird hervorbringen*; legō: 1. Pers. Sg. Ind. Präs. Akt. von legere – *ich sammle (ein)/wähle aus*; lēgō: 1. Pers. Sg. Ind. Präs. Akt. von lēgāre – *ich schicke als Gesandten*; regī: Inf. Präs. Passiv von regere – *gelenkt werden*; rēgī: Dat. Sg. von rēx, rēgis m – *dem König*; liber: Nom. Sg. von liber, -brī m – *das Buch*; līber Nom. Sg. m von līber, -a, -um – *frei*

4. a) ēst (positionslang) – lībērtās (i/a natur-, e positionslang) – bālneum (positionslang) – pāndere (positionslang) – ūmbra (positionslang) – nigrum/nīgrum (positionslang, muta cum liquida) – āggredi (positionslang) – ōbservāre (a natur-, o positionslang)

ISBN 978-3-12-667011-1

b) ❶ Fugerit an Phoebus mensas cenamque Thyestae,
- ∪∪ | - - | - - | - - | - ∪∪ | - -
ignoro: Fugimus nos, Ligurine, tuam.
- - | - ∪∪ / - || - ∪∪ | - ∪∪ | ∪ (Hexamter + Pentameter → eleg. Distichon)
❷ Petit Gemellus nuptias Maronillae.
∪ - | ∪ - | ∪ - | ∪ - | ∪ - | - -
et cupit et instat et precatur et donat.
- ∪∪ | ∪ - | ∪ - | ∪ - | ∪ - | - ∪ (Hinkjambus)

18 Unerwartete Rückkehr – Titus Maccius Plautus

1. a) nobis (Dat. comm.)/saluti (Dat. fin.): *(Selbst) die Göttin der Rettung kann uns nicht mehr helfen* (wörtl. *für uns zur Rettung/zum Heil sein).* b) domum (Akk. der Richtung): *Bin ich denn von Sinnen, dass ich nicht nach Hause eile?* c) a portu (Abl. sep.): *Tranio kommt vom Hafen zurück.* d) tantillo (Abl. mensurae): *Trinkt aber drinnen nicht um so viel weniger!* e) metu (Abl. causae): *Wehe mir, ich bin nass vor Furcht!*

2. eccum Tranio …– *sieh da, Tranio …!*, obsecro – *bitte!*, vae mihi – *weh mir!*, quaeso – *bitte!*, edepol – *beim Pollux!*, cedo – *gib her! her damit!*, ei mihi – *weh mir!*

3. a) ❶ Imperativ I/II; ❷ Präsens; ❸ (Ad-)Hortativ; ❹ Iussiv; ❺ nolle (noli!, nolite!); ❻ Perfekt

   b) Befehle/Imperative: suscita – *weck (ihn) auf*, vigila – *wach auf*, exsurge – *steh auf*, iube – *befiehl/lass*, *habe* – *habe*, abite – *geht weg*, amolimini – *räumt weg*, potate – *trinkt*, fac – *mach*
   Verbote: noli … sinere – *lass nicht (zu)*, ne … responderit – *er/sie/es soll nicht antworten*

4. a) ❶ falsch; ❷ richtig; ❸ richtig; ❹ falsch; ❺ richtig

   b) odisti – *du hasst*; abii – *ich bin (weggegangen und somit) nicht mehr da*; constitit – *er/sie/es (ist aufgestanden und) steht*; consuevimus – *wir haben uns angewöhnt/pflegen zu tun*; cognovistis – *ihr habt bemerkt/ihr wisst*; noverunt – *sie wissen*

5. periit – *er/sie/es ist verloren/am Ende*, periimus – *wir sind verloren/am Ende*, absumpti sumus – *wir sind völlig vernichtet*

6. Alliteration: <u>su</u>premus <u>su</u>mmis; <u>m</u>aeroris <u>m</u>ontem <u>m</u>aximum; <u>cu</u>rro <u>cu</u>rriculo
   Chiasmus: Occidit ╲╱ spes nostra, nec Salus … ╱╲ potest. — Erus ╲╱ advenit peregre, periit ╱╲ Tranio.
   Figura etymologica: curro curriculo

7. In der Komödie erzählt Tranio dem heimkehrenden Vater, dass der Vorbesitzer des Hauses jemanden umgebracht habe und der Geist des Ermordeten darin spuken würde. Philolaches sei also umgezogen. Der Vater ist erst misstrauisch, lässt sich dann aber überzeugen. Als der Geldverleiher kommt, um die Schulden einzutreiben, die Philolaches für seine Freundin und die unzähligen Feste gemacht hatte, erzählt man dem Vater, dass sich Philolaches für das neue Haus Geld geliehen habe. Irgendwann fliegt natürlich alles auf – der Vater verzeiht seinem Sohn am Ende nur auf gutes Zureden des Callidamates.

ISBN 978-3-12-667011-1

Übersetzung

TRANIO Der höchste Jupiter wünscht mit größtem Einsatz und Energie, dass ich und Philolaches, der Sohn des Herren, zugrunde gehen. Unsere Hoffnung ist untergegangen, und die Göttin der Rettung kann uns nicht mehr helfen (*wörtl.* für uns zur Rettung/zum Heil sein), (selbst) wenn sie wollte: Gerade eben erblickte ich einen riesigen Trauerberg am Hafen: Der Herr ist aus der Fremde angekommen, Tranio ist verloren. Aber ich – bin ich denn von Sinnen, dass ich nicht schnell nach Hause eile? *(eilt zu Philolaches)*

PHILOLACHES Sie ist da, die Fischmahlzeit ist da! Sieh da, Tranio kommt vom Hafen zurück.

TRANIO Philolaches!

PHILOLACHES Was ist?

TRANIO Sowohl ich als auch du ...

PHILOLACHES Was (soll das heißen), sowohl ich als auch du?

TRANIO Wir sind verloren!

PHILOLACHES Wieso?

TRANIO Dein Vater ist wieder da.

PHILOLACHES Was höre ich da von dir?

TRANIO Wir sind völlig vernichtet! Dein Vater, sage ich, ist gekommen!

PHILOLACHES Wo ist er, ich flehe (dich) an?

TRANIO Wo er ist? Er ist da!

PHILOLACHES Wer sagt das? Wer hat ihn gesehen?

TRANIO Ich persönlich, sage ich, habe ihn gesehen.

PHILOLACHES Weh mir! Was mache ich jetzt?

TRANIO Was fragst du mich, Unglücklicher, was du machen sollst? Du liegst (ja immer nur) bei Tisch.

PHILOLACHES Was soll ich nun machen?

TRANIO Lass all dieses von hier wegräumen. – Wer schläft dort?

PHILOLACHES Callidamates.

TRANIO Weck ihn auf, Delphium!

DELPHIUM Callidamates, Callidamates, wach auf!

CALLIDAMATES Ich bin wach. Gib her, damit ich etwas trinken kann!

DELPHIUM Wach auf! Philolaches' Vater ist aus der Fremde angekommen!

PHILOLACHES Beim Pollux, bitte steh auf! Mein Vater ist angekommen.

CALLIDAMATES Dein Vater kommt? Lass ihn wieder weggehen (*wörtl.* befiehl, dass er wieder geht)! Warum ist er denn zurückgekommen? (*wörtl.* Was war ihm auch die Rückkehr hierher?)

PHILOLACHES Was soll ich machen? Der Vater wird mich Unglücklichen betrunken hier antreffen, wenn er ankommt, (und) das Haus voller Gäste und Frauen. Ich bin am Ende.

TRANIO Hab guten Mut. Ich werde diese Angst prächtig heilen. Hast du genug, wenn ich deinen Vater, sobald er ankommt, dazu bringen werde, dass er nicht nur nicht hineingeht, sondern auch noch weit vom Haus flieht? *(zu den Sklaven)* Ihr geht jetzt von hier hinein und räumt rasch alles von hier weg. *(zu Delphium und Callidamates)* Ihr aber, trinkt drinnen nicht um ein bisschen weniger!

PHILOLACHES Wehe mir, ich bin nass vor Furcht!

TRANIO Bist du nicht imstande, dass du ruhig bist und tust, was ich befehle?

PHILOLACHES Es ist möglich!

TRANIO Vor allen Dingen: Lass sofort das Haus verschließen! Drinnen lass keinen einen Muckser tun!

PHILOLACHES Das wird besorgt.

TRANIO So, als ob niemand in dem Haus wohnen würde.

PHILOLACHES Das geht.

TRANIO Keiner soll antworten, wenn der Alte an die Tür klopfen wird.

PHILOLACHES Etwa noch etwas anderes?

TRANIO Lass mir den Sicherheitsschlüssel zu diesem Haus herausbringen: Ich werde dieses Haus von hier draußen abschließen.

PHILOLACHES In deinen Schutz übergebe ich mich und meine Hoffnungen, Tranio.

ISBN 978-3-12-667011-1

19 Der geheimnisvolle Koffer – Titus Maccius Plautus

1. a) videas 2. Pers. Sg. Konj. Präs. Akt., mit velim (ebenfalls Konj. Präs.) eingeleiteter erfüllbar gedachter Wunsch (Optativ): *Mögest du doch nicht sehen!*

   b) ostenderis 2. Pers. Sg. Konj. Perf. Akt. mit Negation (nullum), Prohibitiv (Verbot): *Zeige mir nichts!*

2. cist-ellula/cist-ula/cist-ella Deminutiva zu cista, -ae f – *Kiste, Kasten, Schatulle* → *Kästchen, kleine Schatulle*; ensiculus Deminutiv zu ensis, -is m – *Schwert* → *kleines Schwert, Schwertchen*; securi-cula Deminutiv zu securis, -is f – *Beil, Axt* → *kleines Beil, Beilchen*; sicili-cula Deminutiv zu sicilis, -is f – *Sichel* → *kleine Sichel, Sichelchen*

3. a) falsch (es steht im Konjunktiv); b) richtig (Consecutio temporum!); c) falsch (vgl. b); d) richtig

4. Quid curas, quid rerum geram (Konj. Präs. → GZ zum HS)? – *Was kümmert es dich, was ich tue?*
   Solve vidulum ergo, ut, quid sit verum (Konj. Präs. → GZ zum HS), quam primum sciam. – *Mach also den Koffer auf, damit ich möglichst bald weiß, was die Wahrheit ist.*
   … qui non circumspexi centiens, mene quis inspectaret (Konj. Imperf. → GZ zum HS), priusquam … – *… der ich mich nicht hundertmal umgeschaut habe, ob mich jemand sieht, bevor …*

5. a) ❶ AcI; ❷ Adverb; ❸ Einschub

   b) ❶ *Du meinst sicherlich die, von der du sagtest, dass sie eine Landsmännin von mir sei?* (Relativsatz)/ *… die – wie du sagtest – eine Landsmännin von mir ist?* (Einschub)/ *… die deiner Aussage nach eine Landsmännin von mir ist/ sein soll?* (präp. Ausdruck)
   ❷ *Ist das der Koffer, von dem du behauptest, dass dein Kästchen darin sei/ist?* (Relativsatz)/ *… in dem – wie du behauptest – dein Kästchen ist?* (Einschub)/ *… in dem deiner Behauptung nach dein Kästchen sein soll?* (präp. Ausdruck)

6. Vergleich-/Komparationssatz (Komparativ im HS melius …, quam ut im GS): *Was ist besser, als dass ich von hier nach drinnen gehe und mich aufhänge?*

Übersetzung

GRIPUS	O Herr, sei gegrüßt.
DAEMONES	Sei gegrüßt, Gripus. Was geschieht/ist los?
TRACHALIO	Ist der hier dein Sklave?
DAEMONES	Das ist mein (Sklave). Worum geht's?
TRACHALIO	Dieser ist ein Verbrecher, denn er hat den Koffer von jenem Zuhälter.
GRIPUS	Ich habe (ihn) nicht.
TRACHALIO	Streitest du ab, was ich mit meinen (eigenen) Augen gesehen habe?
GRIPUS	Mögest du doch nicht sehen! Ich habe (ihn), ich habe (ihn) nicht: Was kümmert es dich, was ich tue?
DAEMONES	Was willst du nun? Sag es mir.
TRACHALIO	Ich freilich fordere weder einen Teil für mich aus diesem Koffer noch habe ich jemals gesagt, dass es meiner sei; aber in diesem ist ein Kästchen dieser Frau, von der ich schon lange gesagt habe, dass sie frei geboren ist.
DAEMONES	Du meinst sicherlich die, von der du sagtest, dass sie eine Landsmännin von mir sei?
TRACHALIO	Genau. Und in diesem Kästchen, das in diesem Koffer ist, ist das Kinderspielzeug, das sie einst als kleines Mädchen (*wörtl.* als Kleine) mit sich trug. In ihm sind Zeichen, mit denen Palaestra ihre Eltern erkennen könnte. Ich bitte dich, dass du diesem befiehlst, ihr dieses Kästchen zurückzugeben.
DAEMONES	Gib nur diesen Koffer her, Gripus! Höre nun, Palaestra: Ist das der Koffer, in dem deiner Behauptung nach dein Kästchen sein soll (*wörtl.* von dem du sagtest, dass darin dein Kästchen sei)?
PALAESTRA	Das ist er. Ein Binsenkästchen muss in diesem Koffer sein. Ich werde alles, was darin ist, einzeln nennen. Zeige mir nichts! Wenn ich die Wahrheit sage (*wörtl.* sagen werde), dann beschwöre ich dich, dass mir das Meine zurückgegeben werde.
DAEMONES	Einverstanden. Mach also den Koffer auf, damit ich möglichst bald weiß, was die Wahrheit ist.

ISBN 978-3-12-667011-1

GRIPUS Er ist offen.
DAEMONES Ich sehe ein Kästchen. Ist es das?
PALAESTRA Das ist es!
DAEMONES Sag, Mädchen, was darin ist, du sollst alles erwähnen!
PALAESTRA Erstens ist da ein kleines goldenes Schwert, das mit dem Namen meines Vaters beschriftet ist. Dann ist da ein ebenfalls goldenes, beschriftetes kleines Beil: Darauf ist der Name meiner Mutter geschrieben.
DAEMONES Warte! Sag, welcher Name ist auf dem kleinen Schwert?
PALAESTRA Daemones.
DAEMONES Ihr unsterblichen Götter, wo sind meine Hoffnungen?
GRIPUS Vielmehr, beim Pollux, (wo sind) meine?
DAEMONES Sag, welcher Name deiner Mutter hier auf diesem kleinen Beil ist!
PALAESTRA Daedalis.
DAEMONES Die Götter wollen mich gerettet (sehen).
GRIPUS Mich aber vernichtet.
DAEMONES Dies muss meine Tochter sein, Gripus.
GRIPUS Soll sie es meinetwegen sein. Mögen mich Elenden alle Götter vernichten, der ich nicht hundertmal umhergeschaut habe, ob mich jemand sieht, bevor ich den Koffer aus dem Wasser zog!
PALAESTRA Dann sind da (noch) eine kleine silberne Sichel und eine goldene Kapsel, die mir mein Vater an meinem Geburtstag gab.
DAEMONES Sie ist es wirklich! Ich kann mich nicht (mehr) zurückhalten. *(zu Palestra)* Meine Tochter, sei gegrüßt! Ich bin dein Vater, ich bin Daemones, und deine Mutter ist diese hier drinnen: Daedalis.
PALAESTRA Sei gegrüßt, mein unverhofft (wiedergefundener) Vater!
DAEMONES Auf, lass uns zu deiner Mutter gehen, meine Tochter!
GRIPUS Was ist besser, als dass ich von hier nach drinnen gehe und mich aufhänge, wenigstens so lange, bis dieser Ärger von mir weicht?

M5 Methodentraining 5: Rhetorische Stilmittel

1. ❶ Ergo eat et blandis peraretur littera verbis. ❷ Cera vadum temptet, rasis infusa tabellis: Cera tuae primum conscia mentis eat. ❸ Puella festinat, differt, audet, trepidat.
❹ Erus — advenit peregre,
periit — Tranio.
❺ Curro curriculo domum. ❻ Blandis peraretur littera verbis. ❼ Maeroris montem ad portum modo conspicatus sum. ❽ Lesbia mi dicit semper male nec tacet umquam de me. ❾ Petit Gemellus nuptias Maronillae et cupit et instat et precatur et donat.

2. ❶ supremus summis (Alliteration): *Der höchste Jupiter wünscht mit größtem Einsatz, dass ich zugrunde gehe.* ❷ Quis .../Quis (Anapher)/Quis id ait? Quis vidit illum? (Chiasmus): *Wer sagt das? Wer hat jenen gesehen?* ❸ dapibusque instructa superbis (Hyperbaton): *Der Tisch ist ansehnlich und mit hervorragenden Speisen versehen.* ❹ Dolor corporis aut infirmitas valetudinis meae (Parallelismus): *Ein körperlicher Schmerz und eine Schwäche meiner Gesundheit haben mich davon abgehalten, zu den Spielen zu kommen.* ❺ Venus venusta (Figura etym.): *Oh Venus voller Schönheit/wunderschöne (Schönheitsgöttin) Venus!*

20 Die Rheinbrücke – Gaius Iulius Caesar

1. suis rebus (Dat. commodi): *für/um ihre Dinge/ihren Besitz fürchten* – imperii (Gen. partitivus): *irgendein Teil des Machtbereichs* (wörtl. *irgendetwas des Machtbereichs*) – navibus (Abl. instrumentalis): *mit Schiffen übersetzen* – diebus (Abl. temporis): *innerhalb von zehn Tagen vollenden*

2. ❶ Ablativ; ❷ Adverbial; ❸ Prädikat; ❹ Subjekt; ❺ Gleichzeitigkeit; ❻ Vorzeitigkeit; ❼ kausal; ❽ konzessiv; ❾ „obwohl"; ❿ modal; ⓫ Nomen (Substantiv/Adjektiv)

3. a) Germanico bello confecto – *nachdem der germanische Krieg beendet (worden) war/der der germanische Krieg war beendet worden (und) danach .../nach Beendigung des germanischen Krieges;* legatis ad Caesarem missis –

ISBN 978-3-12-667011-1

nachdem Gesandte zu Caesar geschickt worden waren/Gesandte waren zu Caesar geschickt worden, (und) danach …; diebus decem omni opere effecto – *nachdem das ganze Werk innerhalb von zehn Tagen vollendet war/das ganze Werk war innerhalb von zehn Tagen vollendet worden, (und) danach)/nach Vollendung des ganzen Werkes innerhalb von zehn Tagen*

b) nom. Abl. abs.: se invito – *gegen seinen Willen*

4. a) ❶ falsch (die Aussage gilt nur für die a- und e- Konj.); ❷ richtig; ❸ richtig; ❹ falsch (es kann alle Kasus, Genera und Numeri bilden); ❺ richtig; ❻ falsch (die handelnde Person steht beim Gerundiv im Dat. auctoris)
b) ❶ Caesar sagte: „Ich muss den Rhein überschreiten (wörtl. der Rhein ist für mich ein zu überschreitender)."
❷ Die Soldaten bringen alles zum Brückenbau Nötige herbei (wörtl. alles, was zum Bau der Brücke nötig ist).
❸ Caesar ließ eine Brücke bauen.

5. sibi <u>Rhenum</u> esse transeundum (Akk. Sg. m); copiam ad transportandum (Akk. Sg. m) <u>exercitum Romanum</u>; difficultas faciendi (Gen. Sg. m) <u>pontis</u>; <u>id</u> sibi contendendum (Akk. Sg. n) esse

Übersetzung

Nach Beendigung des germanischen Krieges beschloss Caesar aus vielerlei Gründen, dass er den Rhein überschreiten müsse. Von diesen (Gründen) war der folgende der gerechtfertigste: Da er sah, dass die Germanen so leicht nach Gallien gekommen waren, wollte er, dass sie Angst um ihre Dinge/ihren Besitz bekamen, (dann) wenn sie begriffen, dass das Heer des römischen Volkes den Rhein überschreiten könne und dies (auch) wage.
Es kam auch hinzu, dass ein Teil der Feinde sich jenseits des Rheins in das Gebiet der Sugambrer zurückgezogen und sich mit diesen verbündet hatte. Zu ihnen schickte Caesar Boten. Die Feinde antworteten jedoch: „Der Rhein begrenzt den Machtbereich des römischen Volkes. Wenn Caesar es für unrecht hält, dass die Germanen gegen seinen Willen nach Gallien hinüberkommen, warum fordert er dann, dass jenseits des Rheins irgendetwas von seinem Machtbereich sei?"
Die Ubier jedoch, nachdem sie Gesandte zu Caesar geschickt hatten und dann als einzige von den Stämmen, die jenseits des Rheins wohnten, mit den Römern Freundschaft geschlossen und Geiseln geliefert hatten, erbaten Hilfe, da sie von den Sueben ernsthaft bedrängt wurden. Sie versprachen eine große Menge Schiffe für den Transport des römischen Heeres/um das römische Heer zu transportieren.
Aber Caesar glaubte, dass es nicht sicher genug sei, mit Schiffen überzusetzen, und meinte auch, dass dies sowohl unter seiner als auch unter der Würde des römischen Volkes sei. Deshalb entschied er an eben diesem Tag, eine Brücke zu bauen. Auch wenn sich wegen der Breite, reißenden Strömung und Tiefe des Flusses größte Schwierigkeiten (*wörtl.* Sing.) beim Bau der Brücke einstellten, glaubte er dennoch, dass er es versuchen müsse. Nachdem das ganze Werk innerhalb von zehn Tagen vollendet war, zog (*wörtl.* wurde hinübergeführt) das Heer über den Rhein.

21 Eroberung einer Stadt – Gaius Iulius Caesar

1. desistit (3. Pers. Sg. Ind. **Präs.** Akt.) – proficiscitur (3. Pers. Sg. Ind. **Präs.** des Dep.) – instituerat (3. Pers. Sg. Ind. Plusq. Akt.) – iubet (3. Pers. Sg. Ind. **Präs.** Akt.) – visus est (3. Pers. Sg. Ind. Perf. Pass.) – coeperunt (3. Pers. Pl. Ind. Perf. Akt.) – occupaverunt/receperunt (3. Pers. Pl. Ind. Perf. Akt.) – iubet/committit (3. Pers. Sg. Ind. **Präs.** Akt.) – summittit (3. Pers. Sg. Ind. **Präs.** Akt.) – potuerunt/receperunt (3. Pers. Pl. Ind. Perf. Akt.) – dediderunt (3. Pers. Pl. Ind. Perf. Akt.)
Die Erzählung wechselt mehrfach von Vergangenheitstempora zum sogenannten historischen Präsens.
2. a) ❶ Bezugswort; ❷ Satzgliedfunktion; ❸ Indikativ; ❹ Konjunktiv; ❺ final; ❻ konsekutiv; ❼ konzessiv; ❽ relativer Satzanschluss
b) ❶ finaler Nebensinn: *Gesandte wurden zu Caesar geschickt, die über den Frieden verhandeln sollten/damit sie über den Frieden verhandelten/um ... zu verhandeln.*
❷ kausaler Nebensinn: *Die Stadtbewohner, die ja die Reiterei der Vercingetorix sahen/da sie ... sahen, schöpften Hoffnung auf Hilfe.*
❸ konsekutiver Nebensinn: *Es gibt Leute, die glauben, dass die Gallier tapferer sind als die Römer.*

3. a) qui (Nom. Pl. m, Bezugswort: milites) … conquirerent – qui (Nom. Sg. m, Bezugswort: equitatus) … antecesserat – quem (Akk. Sg. m, Bezugswort: equitatus aus dem vorangehenden Satz → rel. Satzanschluss) simulatque ... venerunt – quos (Akk. Pl. m, Bezugswort: equites) ab initio ... instituerat – quibus (Abl. Pl. m, Bezugswort: Galli aus dem vorangehenden Satz → rel. Satzanschluss) profligatis

ISBN 978-3-12-667011-1

b) qui arma iumentaque conquirerent: Konj. Imperf. (GZ) → finaler Nebensinn im Relativsatz *(die ... zusammensuchen sollten/damit sie zusammensuchten)* – qui agmen Vercingetorigis antecesserat: Ind. Plusq. (VZ), Relativsatz *(die dem Heereszug des Vercingetorix vorausgeritten war)* – quem simulatque oppidani conspexerunt atque in spem auxilii venerunt: Ind. Perf. (VZ), Temporalsatz, in dem sich ein rel. Satzanschluss befindet *(sobald die Stadtbewohner sie erblickt und Hoffnung auf Hilfe geschöpft hatten)* – quos ab initio habere secum instituerat: Ind. Plusq. (VZ), Relativsatz *(die er seit Beginn (dieses Feldzugs) bei sich zu haben beschlossen hatte)* – quibus profligatis: PPP im Abl. Pl. m (VZ) → Abl. abs., in den ein rel. Satzanschluss eingearbeitet ist *(nachdem diese verjagt worden waren)*

4. a)richtig; b) richtig; c) falsch (das Bezugswort hat keinerlei Funktion im Satz, deswegen der Name absolutus – losgelöst); d) falsch (PPP → VZ, PPA → GZ); e) richtig; f) richtig

5. a) parte ... tradita: PPP, Abl. Sg. f, VZ, temporal; clamore sublato: PPP, Abl. Sg. m, VZ, temporal; gladiis destrictis: PPP, Abl. Pl. m, VZ, temporal; multis amissis: PPP, Abl. Pl. m, VZ, temporal; quibus profligatis: PPP, Abl. Pl. m, VZ, temporal

   b) attributives Partizip: positum: PPP, Akk. Sg. n, Bezugswort: oppidum
   PC: laborantibus suis: PPA, Dat. Pl. m; perterriti: Nom. Pl. m, Bezugswort: oppidani

6. a) AcI (im Passiv): *Caesar befiehlt/befahl, dass Waffen zusammengetragen, Pferde zur Abgabe zusammengeführt und Geiseln herausgegeben werden/die Waffen zusammenzutragen, die Pferde zur Abgabe zusammenzuführen und Geiseln herauszugeben.*

   b) Inf.: *Die Stadtbewohner begannen die Waffen zu ergreifen, die Tore zu schließen und die Mauer zu besetzen.*

   c) AcI: *Die Soldaten verstanden, dass die Gallier einen neuen Plan gefasst hatten.*

7. a)

HS	GS1	GS2
equitatus hostium procul visus est,	Postquam milites parte iam obsidum tradita intromissi sunt, qui agmen Vercingetorigis antecesserat.	qui arma iumentaqueconquirerent,

b)

HS	GS1
gladiis destrictis portas occupaverunt suosque omnes incolumes receperunt.	Milites in oppido cum ex significatione eorum Gallos consilium novum cepisse intellexissent,

Übersetzung

Sobald Vercingetorix von der Ankunft Caesars erfahren hatte, ließ er von der Belagerung ab und marschierte *(histor. Präs.!)* Caesar entgegen. Jener (= Caesar) hatte begonnen, Noviodunum, eine Stadt der Bituriger, die auf dem Weg lag, zu belagern. Als aus dieser Stadt Gesandte zu ihm kamen, befahl *(histor. Präs.!)* er (ihnen), die Waffen zusammenzutragen, die Pferde zur Abgabe zusammenzuführen und Geiseln herauszugeben *(wörtl. Passiv)*. Nachdem schon ein Teil der Geiseln übergeben worden war und Soldaten (in die Stadt) hineingeschickt worden waren, die Waffen und Zugvieh zusammensuchen sollten, wurde in der Ferne die Reiterei der Feinde gesichtet, die dem Heereszug des Vercingetorix vorausgeritten war. Sobald die Stadtbewohner diese erblickt und Hoffnung auf Hilfe geschöpft hatten, erhoben sie Geschrei und begannen (dann) die Waffen zu ergreifen, die Tore zu schließen und die Mauer zu besetzen. Nachdem die Soldaten in der Stadt aufgrund des Verhaltens der Gallier begriffen hatten, dass diese einen neuen Plan gefasst hatten, zogen sie die Schwerter, besetzten dann die Tore und zogen alle ihre Leute unversehrt zurück.
Caesar befahl *(histor. Präs.!)*, die Reiterei aus dem Lager zu führen *(wörtl. Passiv)*, er begann ein Reitergefecht. Als/Da die Seinen schon in Bedrängnis gerieten, schickte *(histor. Präs.!)* er ungefähr 400 germanische Reiter zu Hilfe, die er seit Beginn (dieses Feldzugs) bei sich zu haben beschlossen hatte. Ihrem Angriff konnten die Gallier nicht standhalten, sie wurden in die Flucht geschlagen und, nachdem sie viele (Soldaten) verloren hatten, zogen sie sich zum Heereszug zurück. Nachdem diese verjagt worden waren, ergaben sich die Stadtbewohner Caesar, da sie erneut von Angst erfüllt waren.

ISBN 978-3-12-667011-1

22 Politische Propaganda – Augustus

1. privato consilio/privata impensa (Abl. instr.): *auf eigene Faust und (meine) privaten Kosten ein Heer aufstellen* – detrimenti (Gen. part.): *damit er keinen Schaden (wörtl. nichts an Schaden) nehme* – *eodem anno* (Abl. temp.): *im selben Jahr* – terra et mari (Abl. loc.): *zu Lande und zu Wasser* – aliquanto (Abl. mens.): *um einiges/bedeutend mehr als 300.000*

2. a) ❶ Ablativus absolutus; ❷ Adverbial; ❸ Prädikat; ❹ Subjekt; ❺ allen; ❻ Numerus; ❼ Genus; ❽ Gleichzeitigkeit; ❾ Vorzeitigkeit; ❿ kausal; ⓫ konzessiv; ⓬ „obwohl"; ⓭ modal

   b) ❶ Exercitu comparato (PPP im Abl. Sg. m → Abl. abs., VZ, temporal): *Nachdem ein Heer aufgestellt worden war/ich ein Heer aufgestellt hatte, habe ich den Staat befreit.*
   ❷ Senatus tribuens (PPA im Nom. Sg. m → PC, GZ, temporal): *Der Senat gab mir, als er mir den Rang eines Konsuls bei Abstimmungen verlieh, auch die militärische Befehlsgewalt.*
   ❸ Pluribus triumphis … decretis (PPP im Abl. Pl. m → Abl. abs., VZ, konzessiv): *Obwohl mir vom Senat (noch) mehr Triumphe zuerkannt worden waren, habe ich diese dennoch zurückgewiesen.*

   c) nominaler Abl. abs., ohne Partizip: *als Gaius Pansa und Aulus Hirtius Konsuln waren*

3. PC: iudiciis legitimis ultus (PP des Dep., Nom. Sg. m → VZ, Bezugswort: (ego), temporal) eorum facinus *(– nachdem ich deren Verbrechen mit gesetzmäßigen Urteilen gerächt hatte)*
   postea bellum inferentes (PPA, Akk. Pl. m → GZ, Bezugswort: eos, temporal) rei publicae *(– als sie darauf einen Krieg gegen den Staat begannen)*
   Abl. abs.: stipendiis emeritis (PPP, Abl. Pl. n → VZ, temporal) *(– nachdem sie ihren Kriegsdienst abgeleistet hatten)*
   Achtung: rem publicam … oppressam (PPP, Akk. Sg. f → VZ) ist attributives Partizip *(– den Staat, der … unterdrückt worden war)*, ebenso: omnibus … petentibus (PPA, Dat. Pl. m → GZ) civibus *(– alle Bürger, die um Gnade baten)*

4. a) Das Gerundiv wird mit dem Präsensstamm, dem Morphem *-nd-* und den Endungen der a-/o-Deklination gebildet. In der i-, gem. und kons. Konjugation wird zusätzlich der Bindevokal *-e-* eingefügt.
   a-Konj. lauda-nd-us/-a/-um, e-Konj. mone-nd-us/-a/-um, i-Konj. audi-e-nd-us/-a/-um, kons. Konj. reg-e-nd-us/-a/-um, gem. Konj. capi-e-nd-us/-a/-um

   b) in allen Kasus; c) Das Bezugswort steht im selben Kasus, Numerus und Genus wie das Gerundiv (KNG-Kongruenz).

5. Gerundiva als Attribute: senatus … consularem locum sententiae dicendae (Gen. Sg. f) tribuit – *der Senat hat mir den Rang eines Konsuls bei Abstimmungen verliehen*; senatus … me … triumvirum ad rem publicam constituendam (Akk. Sg. f) creavit – *Der Senat hat mich zum Triumvirn zur Neuordnung des Staates/, um den Staat neu zu ordnen, gewählt*

6. Finalsatz; caperet: 3. Pers. Sg. Konj. Imperf. Akt. → GZ – *damit der Staat keinen Schaden nehme*

7. Die Ämter wurden der Reihe nach durchlaufen: (1) Quästor (Finanzen); (2) Ädil (Aufsicht über Straßen, Wasserversorgung, Organisation von Spielen) oder Volkstribun (Vertreter des Volkes gegenüber den Patriziern; Einberufung von Volksversammlungen, Veto-Recht); (3) Prätor (Rechtsprechung, Verwaltung der Provinzen); (4) Konsul (Einberufung der Volksversammlung/des Senats, Vorsitz im Senat, Oberbefehlshaber des Heeres im Krieg).
   Für jedes Amt war ein Mindestalter festgelegt (z. B. Konsulat: 43 Jahre). Da man für das Durchlaufen des *cursus honorum* privates Vermögen brauchte, hatten in der Regel nur Angehörige des Adels Zugang. Unter Augustus waren die republikanischen Ämter überflüssig geworden, bestanden aber formell weiter. Allerdings wurden die Magistrate nun nicht mehr vom Volk gewählt, sondern vom Senat oder vom Kaiser selbst ernannt. Auch das Eintrittsalter wurde erheblich herabgesetzt.

8. a) Augustus – der Retter Roms: Er rettet den Staat, rächt seinen Vater, führt Kriege und ist dabei noch milde. Er ist seinen Soldaten gegenüber großzügig und ein guter Feldherr. Dabei bleibt er bescheiden, denn er lehnt sogar Triumphzüge ab, die ihm zustehen würden.

   b) Augustus hat Antonius offenbar nicht alleine besiegt, sondern zusammen mit dem röm. Heer, unter Leitung der beiden Konsuln. Die daraufhin erfolgte Ernennung zum Konsul geschah offensichtlich auf militärischen Druck und nicht ganz freiwillig, das Triumvirat hat er selbst geschlossen. Die „doppelte Schlacht" gegen die

ISBN 978-3-12-667011-1

Caesarmörder hätte Augustus verloren ohne die Hilfe des militärisch erfolgreichen Antonius. Augustus nimmt es mit der Wahrheit nicht so genau: einige Namen und Details, vor allem Antonius, verschweigt er. Dies liegt daran, dass nach dessen Tod das Andenken an Antonius offiziell verboten wurde. Augustus' Bescheidenheit ist also nur vorgeblich.

Übersetzung

Mit 19 Jahren/Als 19-Jähriger habe ich auf eigene Faust (aus privatem Beschluss) und auf (meine) privaten Kosten ein Heer aufgestellt, durch das ich dem Staat, der durch die Gewaltherrschaft einer politischen Gruppierung unterdrückt worden war, die Freiheit wiedergegeben habe (*wörtl.* den Staat in die Freiheit gerettet habe). Deswegen hat mich der Senat, als Gaius Pansa und Aulus Hirtius Konsuln waren, mit ehrenden Beschlüssen in seine Reihen gewählt, mir den Rang eines Konsuls bei Abstimmungen verliehen und mir militärische Befehlsgewalt gegeben. Er befahl, dass ich zusammen mit den Konsuln dafür Sorge trage, dass der Staat keinen Schaden nehme. Das Volk aber hat mich im selben Jahr, nachdem alle beiden Konsuln im Krieg gefallen waren, zum Konsul und zum Triumvir zur Neuordnung des Staates gewählt.

Diejenigen, die meinen Vater grausam ermordet haben, trieb ich in die Verbannung und rächte dann durch gesetzmäßige Urteile deren Verbrechen, und, als sie darauf einen Krieg gegen den Staat begannen, besiegte ich sie in doppelter Schlacht.

Ich habe häufig Kriege gegen innere und äußere Feinde (*wörtl.* Bürger- und äußere Kriege) zu Land und zu Wasser auf dem ganzen Erdkreis geführt und habe als Sieger alle Bürger, die um Gnade baten, verschont. Fremde Völker, denen ohne Bedenken verziehen werden konnte, wollte ich lieber erhalten als vernichten.

Ungefähr 500.000 römische Bürger befanden sich unter meinem Fahneneid. Von diesen habe ich bedeutend mehr als 300.000 in Kolonien angesiedelt oder, nachdem sie ihren Kriegsdienst abgeleistet hatten, in ihre (Heimat-) Städte zurückgeschickt; und diesen allen habe ich Äcker zugewiesen oder Geld als Lohn für ihren Kriegsdienst gegeben. Außerdem habe ich 600 Schiffe gekapert.

Zweimal habe ich den kleinen Triumph gefeiert, dreimal habe ich (ihn als) kurulische Triumphe ausgeführt und 21-mal bin ich zum Imperator ernannt worden. Obwohl der Senat mir (noch) mehr Triumphe zuerkannt hatte, habe ich diese zurückgewiesen.

M6 Methodentraining 6: Satzanalyse 2 – Satzstruktur aufschlüsseln

Prädikat, Subjekt, Objekt, Prädikativum, Adverbiale, *Subjunktion*, **Konjunktion**, (Gliedsatz)

1. Vercingetorix, (*ubi* de Caesaris adventu cognovit), oppugnatione desistit. – *Sobald Vercingetorix von Cäsars Ankunft erfahren hat, lässt er von der Belagerung ab.*

2. Caesar, (*cum* videret Germanos tam facile in Galliam venisse *(= AcI als Objekt)*), eos suis rebus timere voluit *(= AcI als Objekt)*, (*cum* intellegerent et posse et audere populi Romani exercitum Rhenum transire). – *Da Cäsar sah, dass die Germanen so leicht nach Gallien gekommen waren, wollte er, dass sie Angst um ihre Dinge/ihren Besitz bekamen, (dann) wenn sie begriffen, dass das Heer des römischen Volkes den Rhein überschreiten könne und dies (auch) wage.*

3. Ubii **autem** legatis ad Caesarem missis *(= Abl. abs.)*, (*cum* uni ex Transrhenanis cum Romanis amicitiam fecissent **et** obsides dedissent), auxilium petiverunt, (*quod* graviter ab Suebis premebantur). – *Die Ubier jedoch, nachdem sie Gesandte zu Caesar geschickt hatten und dann als einzige von den Stämmen, die jenseits des Rheins wohnten, mit den Römern Freundschaft geschlossen und Geiseln geliefert hatten, erbaten Hilfe, da sie von den Sueben ernsthaft bedrängt wurden.*

4. Populus **autem** eodem anno me consulem, (*cum* consul uterque bello cecidisset), **et** triumvirum ad rem publicam constituendam creavit. – *Das Volk aber hat mich im selben Jahr, nachdem alle beiden Konsuln im Krieg gefallen waren, zum Konsul und zum Triumvir zur Neuordnung des Staates gewählt.*

ISBN 978-3-12-667011-1
Klett

23 Ein einschneidendes Erlebnis – Aurelius Augustinus

1. a) ❶ subiectivus; ❷ obiectivus; ❸ Besitzer; ❹ partitivus

   b) gaudium vanitatis humanae (Gen. obi.): *Vergnügen/Freude an der menschlichen Eitelkeit* – immortalitas sapientiae (Gen. subi.): *die Unsterblichkeit der Weisheit* – amor sapientiae (Gen. obi.): die Liebe zur Weisheit – lumen cordis mei (Gen. subi.): *Licht meines Herzens*

2. a)

	Gerundium	**Gerundivum**
Wie wird es gebildet?	Präsensstamm + **-nd-** + Endungen der **a-/o**-Dekl.	Präsensstamm + **-nd-** + Endungen der **a-/o**-Dekl.
Welche Formen kommen vor?	**nur im Sg., nur im Neutrum, im Gen., Dat. (selten), (Präp. +) Akk. (ohne Präp.: Inf.!) und Abl.**	**in allen Kasus, Numeri und Genera**
Welche Funktion hat es?	Verbal**substantiv** (substantivierter **Infinitiv**)	Verbal**adjektiv**
Hat es ein Bezugswort?	**nein**	**ja (KNG-Kongruenz!)**
Kann es ein Objekt haben?	**ja**	**nein**

   b) usitato discendi (Gerundium im Gen.) ordine *(– nach der üblichen Abfolge des Lernens/nach dem üblichen Studienplan/Lehrplan)*; ad acuendam (Gerundiv im Akk. Sg. f, Bezugswort: linguam) linguam *(– zur Schärfung der Sprache/um die Sprachfertigkeit zu üben)*

3. beides sind Finalsätze: a) *Ich hatte begonnen, mich zu erheben, um zu dir zurückzukehren.*
   b) *Ich wurde durch jenes Buch angestachelt und entflammt, nicht um diese oder jene Philosophenschule, sondern die Weisheit selbst zu lieben.*

4. Der Konjunktiv zeigt an, dass der Relativsatz einen Nebensinn hat, in diesem Fall einen konsekutiven: *Es gibt Leute, die (sind so beschaffen, dass sie) durch die Philosophie verführen.*

5.

HS	**GS1**	**GS2**	**GS3**
Et ego illo tempore, scis tu, lumen cordis mei,			
	quoniam nondum mihi haec apostolica nota erant, *(Kausalsatz)*		
hoc tamen solo delectabar in illa exhortatione illius libri,			
	quod,		
		ut non illam aut illam sectam, sed ipsamsapientiam,	
			quaecumque esset, *(Relativsatz)*
		diligerem et quarereremet adsequerer et tenerem atque amplexarer fortiter,*(Finalsatz)*	
	excitabar sermone illo et accendebar et ardebam. *(Kausalsatz)*		

ISBN 978-3-12-667011-1

6. Die Schrift Hortensius war wohl eine philosophische Abhandlung, die eine Beschreibung und Beurteilung aller philosophischen Richtungen von Ciceros Zeit bzw. früheren Zeiten enthielt.

7. Das bisherige Studium hatte Augustinus nur in seiner Eitelkeit bestätigt. Wahrscheinlich war er sehr begabt und stolz darauf. Mit der Lektüre der Schrift Hortensius kam ihm offenbar zum ersten Mal der Gedanke, dass es noch mehr geben könnte als Äußerlichkeiten wie eine brillante Sprachfertigkeit. Er war von der Philosophie begeistert. Im Rückblick – nach seiner Bekehrung – sieht er dieses Erlebnis als ersten Schritt in Richtung Christentum (wie eine Rückkehr empfindet er dies), denn für ihn ist letztlich alles Wissen bei Gott. Die Philosophie sieht er zu diesem Zeitpunkt deutlich kritischer, denn Weisheit könne man nur durch das Christentum erlangen. Philosophenschulen können sogar eine Gefahr darstellen, indem sie falsches Wissen als Weisheiten verkaufen.

Übersetzung

Damals lernte ich die (Lehr-)Bücher der Beredsamkeit kennen, in der ich aus Lust/Spaß *(wörtl. Pl.)* an der menschlichen Eitelkeit besonders gut sein wollte. Und nach der üblichen Studienordnung war ich nun zu einem Buch eines gewissen Cicero gelangt, dessen Sprache beinahe alle bewundern, nicht so (sehr) seine Gesinnung. Jenes Buch aber enthält eine Aufforderung zur Philosophie und heißt „Hortensius". Jenes Buch verwandelte jedoch meine Einstellung, lenkte meine Gebete zu dir selbst, (o) Herr, und machte meine Wünsche und Sehnsüchte zu anderen. Plötzlich wurde mir jegliche eitle Hoffnung wertlos, und ich verlangte mit einer unglaublichen Glut meines Herzens nach unsterblicher Weisheit (*wörtl.* der Unsterblichkeit der Weisheit), und schon hatte ich begonnen, mich zu erheben, um zu dir zurückzukehren. Nämlich nicht um meine Sprache/Sprachfertigkeit zu schärfen, las ich jenes Buch, und nicht seine Sprachform, sondern das, was es sprach, hatte mich überzeugt.
Wie sehr brannte ich, mein Gott, wie sehr brannte ich darauf, von der Erde zu dir zurückzufliegen, und wusste nicht, was du mit mir machtest/vorhattest. Bei dir nämlich ist die Weisheit. Die Liebe zur Weisheit aber hat den griechischen Namen Philosophie, in der mich jene Schrift entflammte/entbrennen ließ. Es gibt Leute, die durch die Philosophie verführen, indem sie mit diesem großen, verlockenden und ehrbaren Namen ihre Irrtümer (schön) färben. Und fast alle Philosophen aus Ciceros Zeit und aus früheren Zeiten (*wörtl.* die zu jener Zeit und früher lebten) werden in diesem Buch erwähnt und genau beschrieben.
Dort zeigt sich jene heilsame Ermahnung deines Geistes durch deinen guten und frommen Diener: „Seht (zu), dass euch niemand täusche durch Philosophie nach der Überlieferung der Menschen, aber nicht nach Christus, in dem die ganze Fülle der Göttlichkeit wohnt." Und da mir – du weißt (es), Licht meines Herzens – jene apostolischen Worte noch nicht bekannt waren, erfreute ich mich zu jener Zeit dennoch einzig dadurch an jener Aufforderung jenes Buches, weil ich durch jene Schrift angestachelt und entflammt wurde und brannte, nicht um diese oder jene Philosophenschule, sondern die Weisheit selbst, wie immer sie auch beschaffen war, zu lieben, zu suchen, ihr zu folgen, sie festzuhalten und kräftig zu umarmen.

24 Der heilige Nikolaus – Iacobus de Voragine

1. divitiarum (Gen. part.) copia – *Menge an Reichtum;* commercio (Abl. instr.) alitur – *er/sie/es ernährt sich durch das Gewerbe;* multo post tempore (Abl. mens.) – *viel später (wörtl. um viel Zeit später);* episcopus magnae auctoritatis (Gen. qual.) – *ein Bischof von hohem Ansehen/großem Einfluss;* in hora matutinali (Abl. temp.) – *zur Matutin-Stunde*

2. a) ❶ *(Jakobus erzählt) Nikolaus habe von reichen und frommen Eltern abgestammt.*
❷ *(Eine Stimme sagte) Der Bischof solle zur Stunde der Matutin die Tür der Kirche beobachten.*
❸ *(Nikolaus sagte) Der Nachbar solle nicht über das Gold sprechen.*
❹ *Nikolaus überlegt, wie er dem Nachbarn helfen könne.*
❺ *Der Nachbar überlegte, wer es sei, der ihm geholfen habe.*
b) ❶ Konj. Präs.; ❷ Konj. Perf.; ❸ Konj. Imp.; ❹ Konj. Plusq.

3. **ind. Frage:** (cogitare coepit,) qualiter tantam divitiarum copiam non ad laudem humanam, sed ad Dei gloriam dispensaret – *auf welche Weise er einen so großen Reichtum* (wörtl. *eine so große Menge an Reichtum) nicht zum menschlichen Lob, sondern zur Ehre Gottes ausgeben könne;* (ut sciret,) quis esset, (qui suae inopiae subvenisset) – *(damit er wisse,) wer es sei, (der ihm in seiner Not* (wörtl. *der seiner Not) geholfen habe)*
ind. Aufforderung: (exegit,) ne eum, quamdiu viveret, publicaret – *(er verlangte,) dass er seinen Namen (*wörtl.

ISBN 978-3-12-667011-1

ihn), solange er lebe, nicht öffentlich mache/er solle seinen Namen ... nicht bekannt machen; (audivit vocem dicentem,) ut hora matutina fores ecclesiae observaret et eum, qui primus ad ecclesiam, cuius nomen esset Nicolaus, veniret, in episcopum consecraret – *(er hörte eine Stimme, die sagte,) dass er zur Stunde der Matutin die Tür der Kirche beobachten solle und denjenigen, der als Erster zur Kirche komme, dessen Name Nikolaus sei, zum Bischof weihen solle*

4. a) ❶ richtig; ❷ falsch (es kann in allen Kasus vorkommen); ❸ falsch (das Bezugswort des Abl. abs. hat keine Satzgliedfunktion); ❹ richtig; ❺ richtig; ❻ falsch (PPP → VZ, PPA → GZ)

   b) **Abl. abs.:** parentibus suis defunctis (PP des Dep., Abl. Pl. m → VZ) – *nachdem seine Eltern gestorben waren;* defuncto (PP des Dep., Abl. Sg. m → VZ) episcopo – *nachdem der Bischof gestorben war*
   PC: mane surgens (PPA, Nom. Sg. m → GZ, Bezugswort: homo) – *als er morgens aufstand;* quod rursus ille reperiens (PPA, Nom. Sg. m → GZ, Bezugswort: ille) – *als er dies wieder fand;* sicque accurrens (PPA, Nom. Sg. m → GZ, Bezugswort: Subjekt/Nachbar) velocius – *und als er (noch) schneller lief;* mox humi prostratus (PPP, Nom. Sg. m → VZ, Bezugswort: Subjekt/Nachbar) – *nachdem er sich auf den Boden geworfen hatte;* quod Nicolaus refutans (PPA, Nom. Sg. m → GZ, Bezugswort: Nicolaus) – *als Nikolaus dies abwehrte;* quasi a Deo missus (PPP, Nom. Sg. m → VZ, Bezugswort: Nicolaus) – *wie (wenn er) von Gott geschickt (worden wäre);* eum plurimum renitentem (PPA, Akk. Sg. m → GZ, Bezugswort: eum) – *als/obwohl er sich sehr sträubte*
   attr. Part.: massam auri panno involutam (PPP, Akk. Sg. f → VZ, Bezugswort: massam) – *einen Goldklumpen, der in ein Tuch gewickelt war/in ein Tuch gewickelten Goldklumpen;* Nicolaum fugientem (PPA, Akk. Sg. m → GZ, Bezugswort: Nicolaum) – *den fliehenden Nikolaus;* vocem audivit dicentem (PPA, Akk. Sg. f → GZ, Bezugswort: vocem) – *er hörte eine Stimme, die sagte*

5. *Quod* ist jeweils rel. Satzanschluss, das Relativpronomen wird mit einem Demonstrativpronomen übersetzt.

6. Im HS wird Ind. Perf., im Relativsatz wird jedoch Ind. Präs. verwendet, während die Handlung weiterhin in der Vergangenheit spielt *(excitatur, insequitur, alloquitur)* → historisches Präsens, das mit einem Vergangenheitstempus übersetzt wird.

Übersetzung

Nikolaus, Bürger der Stadt Patara, stammte von reichen und frommen Eltern ab. Nachdem jedoch seine Eltern gestorben waren, begann er (darüber) nachzudenken, auf welche Weise er einen so großen Reichtum (*wörtl.* eine so große Menge an Reichtum) nicht zum menschlichen Lob, sondern zur Ehre Gottes ausgeben könne.
Damals war ein (gewisser) adliger Nachbar von ihm wegen Armut gezwungen, seine drei Töchter zu prostituieren, damit er sich so durch ihr Gewerbe ernähren konnte. Sobald der Heilige dies erfuhr, erschauderte er vor diesem Verbrechen und warf heimlich nachts durch ein Fenster einen in ein Tuch gewickelten Goldklumpen in dessen Haus und ging heimlich wieder weg. Morgens jedoch, als der Mann aufstand, fand er den Goldklumpen, dankte Gott und feierte die Hochzeit der ältesten Tochter. Nicht viel später führte der Diener Gottes ein ähnliches Werk aus. Als jener dies wieder fand, brach er in riesiges Lob aus, aber er nahm sich vor, in Zukunft zu wachen, damit er wisse, wer es sei, der ihm in seiner Not (*wörtl.* der seiner Not) geholfen habe. Wenige Tage später warf Nikolaus einen doppelt so großen Klumpen Gold in das Haus, bei dessen Aufprall (*wörtl.* Lärm, lauten Aufprall) jener aufwachte, dem fliehenden Nikolaus folgte und (ihn) ansprach: „Bleib stehen! Entziehe dich nicht meinem Anblick!" Und als er (noch) schneller lief, erkannte er sodann, dass dieser Nikolaus war. Darauf warf er sich auf den Boden und wollte seine Füße küssen. Das wehrte Nikolaus ab und verlangte von ihm, dass er seinen Namen (*wörtl.* ihn), solange er lebe, nicht öffentlich mache.
Danach kamen, nachdem der Bischof der Stadt Myra gestorben war, die Bischöfe zusammen, um für jene Kirche für einen Bischof zu sorgen. Unter ihnen war aber ein (gewisser) Bischof von großem Ansehen, der in jener Nacht eine Stimme hörte, die ihm sagte, dass er zur Stunde der Matutin die Tür der Kirche beobachten solle und denjenigen, der als Erster zur Kirche komme, dessen Name Nikolaus sei, zum Bischof weihen solle.
Das also offenbarte er den anderen Bischöfen, und er selbst hielt vor der Tür Wache. Auf wunderbare Weise kam Nikolaus, wie von Gott gesandt, vor allen anderen zur Stunde der Matutin zur Kirche. Ihn fragte der Bischof: „Wie heißt du?" „Nikolaus", sagte er, „Diener eurer Heiligkeit." Sie führten ihn, obwohl er sich sehr sträubte, in die Kirche und setzten ihn auf den Bischofsstuhl. Nikolaus zeigte jedoch in allem dieselbe Bescheidenheit wie vorher.

ISBN 978-3-12-667011-1

M7 Methodentraining 7: Arbeit mit dem Wörterbuch 2

1. Im Wörterbuch zu finden sind: capio, libertas, adeo, facilis, semen
felicis: Gen. Sg. m/f/n von felix – corporibus: Dat./Abl. Pl. n von corpus – bella: Nom./Akk. Pl. n von bellum – egi: 1. Pers. Sg. Ind. Perf. Akt. von agere – officio: Dat./Abl. Pl. n von officium

2. Übliche Abkürzungen sind: Konjunktiv: Konj./Konjkt. – Deponens: Dep. – unpersönlich: unpers./impers. – Ablativ: Abl. – Plusquamperfekt: PPF. – Konjunktion: Konj./Kj. – Superlativ: Sup./Superl. – Person: Pers./P.

3. ➊ *jemanden verwunden;* ➋ *die Feinde angreifen;* ➌ *jemanden beschenken;* ➍ *getötet werden;* ➎ *einen Prozess führen;* ➏ *Wache halten;* ➐ *Rechenschaft ablegen;* ➑ *Rücksicht nehmen auf etwas;* ➒ *deshalb;* ➓ *die Hauptstadt der Welt*

ISBN 978-3-12-667011-1